艺术大师

达·芬奇

创造蒙娜丽莎微笑传奇

Chuangzao Mengnalisha Weixiao Chuanqi

庄　浪◎编著

南京出版传媒集团
南京出版社

图书在版编目（CIP）数据

达·芬奇：创造蒙娜丽莎微笑传奇 / 庄浪编著. --
南京：南京出版社
（艺术大师）
ISBN 978-7-80718-934-3

Ⅰ. ①达… Ⅱ. ①庄… Ⅲ. ①达·芬奇（1452～1519）－传记－青年读物②达·芬奇（1452～1519）－传记－少年读物 Ⅳ. ①K835.465.72-49

中国版本图书馆CIP数据核字(2012)第064064号

丛 书 名：艺术大师
书　　名：达·芬奇——创造蒙娜丽莎微笑传奇
作　　者：庄浪　编著
出版发行：南京出版传媒集团
南京出版社
社址：南京市老虎桥18-1号　　邮编：210018
网址：http://www.njcbs.com　　电子信箱：njcbs1988@163.com
淘宝网店：http://njpress.taobao.com
联系电话：025-83283871、83283864（营销）　025-83283883（编务）

出 版 人：朱同芳
总 策 划：刘成林
责任编辑：程　瑶　王国钦
装帧设计：陈淑芳
责任印制：杨福彬

印　　刷：三河市南阳印刷有限公司
开　　本：787毫米×1092毫米　1/16
印　　张：10
字　　数：78 千
版　　次：2013 年 5 月第 1 版
印　　次：2013 年 5 月第 1 次印刷
书　　号：ISBN 978-7-80718-934-3
定　　价：24.80 元

营销分类：少儿 教育

目录

1.独特的童年

达·芬奇是个可怜的私生子，他总偷偷跑去看自己的母亲。他从小就和其他的孩子不一样。

意大利的佛罗伦萨是一个历史名城，在离城不远的地方，有个不起眼的小镇名叫芬奇镇。公元1452年4月15日，一个小男孩诞生在芬奇镇，他一落地就大声地哭，声音传得很远很远。

好一个大胖小子！当妈的在一旁瞧着他，心里既高兴，又犯愁：这段时间身体一直不好，没有奶喂他，该怎么办呢？

这个生得壮实的小男孩儿，就是后来闻名于世的达·芬奇，但他是个可怜的私生子。这里有一段很不寻常的故事。

1451年的春天，在佛罗伦萨当公证人的彼特罗回到了自己的家乡芬奇镇，看望他的家人。一天，乡亲们请彼特罗帮忙办一件公证，彼特罗是个和蔼可亲的人，并不对人摆架子，就同意了。公证办完后，大伙一起来到附近的酒馆喝两杯。一进门，彼特罗就被酒馆的女招待嘉德娜深深吸引住了，这个淳朴美丽的姑娘一下子就打动了他的心。

从此，彼特罗成了酒馆的常客，天天找机会和嘉德娜说话，他推说要在乡下打猎，也不回城里，一直从春天到夏天，又从夏天到秋天。这时的彼特罗24岁，模样很英俊，身强体壮，是最容易打动单纯女孩子的心的。终于，他俩开始恋爱了，不久，嘉德娜怀了孩子。

这件事传到彼特罗父亲的耳中，他大发脾气，非

cháng dān xīn ér zi huì qǔ jiā dé nà jiā dé nà shì ge qióng kǔ de gū nǚ wú
常担心儿子会娶嘉德娜。嘉德娜是个穷苦的孤女，无
yī wú kào zěn me néng ràng ér zi tóng tā zài yì qǐ ne tā yìng shì bǎ ér zi gǎn
依无靠，怎么能让儿子同她在一起呢？他硬是把儿子赶
huí chéng li dāng nián dōng tiān jiù gěi bǐ tè luó qǔ le xí fù xí fù chū zì míng
回城里，当年冬天就给彼特罗娶了媳妇。媳妇出自名
mén yòu yǒu xǔ duō jià zhuāng lǎo tóu zi zhè cái sōng le yì kǒu qì
门，又有许多嫁妆，老头子这才松了一口气。

bǐ tè luó zǒu hòu kě kǔ le jiā dé nà méi yǒu rén lái bāng tā tā zhǐ
彼特罗走后，可苦了嘉德娜，没有人来帮她。她只
yǒu huái zhe hái zi jì xù zài jiǔ guǎn li zuò gōng bù zhī dao jiāng lái yòng shén me lái
有怀着孩子继续在酒馆里做工，不知道将来用什么来
yǎng huó dǔ zi li de hái zi yǐ zhì yú yōu chóu chéng bìng xiàn zài hái zi shēng xia
养活肚子里的孩子，以至于忧愁成病。现在孩子生下
lai le lián wèi tā yì kǒu nǎi dōu bàn bú dào zhēn kě lián a
来了，连喂他一口奶都办不到，真可怜啊！

méi bàn fǎ jiā dé nà ná chū zì jǐ jǐn yǒu de yì diǎn qián zū huí lai
没办法，嘉德娜拿出自己仅有的一点钱，租回来
yì zhī mǔ shān yáng yòng shān yáng nǎi wèi dá fēn qí yú shì zhè ge xiǎo nán
一只母山羊，用山羊奶喂达·芬奇。于是，这个小男

孩再也不哭闹了，喝着那只黑山羊挤出的奶，一天天长大。

过了几年，彼特罗向父亲提出要把达·芬奇带回家里养育，考虑到彼特罗的妻子一直没生育，父亲便同意了他的请求。于是，达·芬奇被迫离开了生母，来到父亲家里，由祖母照顾。由于很早就离开了母亲，长大后，每当达·芬奇回忆起母亲，就像做梦一般，尤其想起她那温柔的、充满神秘的微笑。

他曾经说过，山野妇女穿着一身贫苦的粗布衣服，比浓妆艳抹的妇女更加美丽，这是因为她们朴实而忧郁的脸上有微笑。

嘉德娜生下达·芬奇后，由达·芬奇的祖父作主，嫁给了隔壁一个性情粗暴的中年汉子，据说，这人的第一个老婆就是他喝醉后打死的。嘉德娜和丈夫住的小屋子离达·芬奇的祖父家并不远。中午，当祖父在睡午觉、嘉德娜的丈夫牵着牛去田里干活时，达·芬奇就飞快地穿过葡萄园，爬过一截矮墙，跑到母亲那里去。

“妈妈，妈妈，我来了。”达·芬奇一边跑一边喊。

“小心，别摔着了。”母亲手里拿着纺锤，站在门口，早就等着他。远远地看见了他，嘉德娜就张开了

双臂，直到达·芬奇扑到她怀里，达·芬奇的脸、眼睛、嘴唇和头发上，都盖满了她的亲吻。

“后妈对你好吗？”母亲问道。

“不好，她老不跟我说话。”达·芬奇回答说。他的后妈和彼特罗结婚时年龄不小了，人也不漂亮，加上一直没生小孩，对达·芬奇和嘉德娜母子俩怀有一种嫉妒的心理。

“晚上睡觉害怕吗？”母亲又关切地问。

“不害怕。我和祖母睡在一起，每天睡觉前，她都要给我哼歌呢！”

达·芬奇的祖母是个善良的女人，她很疼爱自己的孙子。长大后的达·芬奇仍然记得她轻轻的催眠曲和她做的糕饼的甜蜜味道。

达·芬奇最喜欢夜里悄悄溜到母亲那去。逢年过节的时候，嘉德娜的酒鬼丈夫就到酒馆去喝酒、赌钱。夜里，达·芬奇悄悄从床上爬起来，披了衣服，小心推开窗户，来到窗台上，抱着一株老无花果树滑到地上，往母亲屋里跑去。夜鸟在啼叫，仿佛看见了他在奔跑；尖石头刺着他的赤脚，像是在责怪他不该到处跑，万一祖母醒来后发现他不见了，怎么办？他顾不得了，只管朝前跑，因为他想见到母亲。

当他来到母亲床边，在被窝里挨着母亲温暖的身体时，他觉得自己做的这一切都是值得的，此时他的心里充满了甜蜜的感觉。

达·芬奇和祖父的感情并不好，他知道是祖父拆散了父亲和母亲，也是祖父硬把母亲嫁给了现在的酒鬼丈夫。每当祖父叫他做什么，他总是不听。7岁时，他进了学堂读书，可他也不大听老师讲的课，当时，老师给他们讲的是枯燥的拉丁文法。

他时常一大清早就出门了，但不是为了去学校上课，而是去一个长满芦苇的荒凉的峡谷中。在这里，他仰面躺在草地上，好几个钟头都看着天上飞舞着的鸟儿，很羡慕它们，它们多自由自在啊！它们为什么

能在天上飞，人却做不到呢？看够了天上的鸟儿，他又低下头来看草地上的花儿，他小心地剥开一朵花的花瓣，不让它脱落，为的是看看里面的构造。他整天在山上游荡，然后精疲力竭地回到家中，全身都是灰尘，脸上晒得黑黑的，像个野孩子一样，但心里却很快活。祖母看见了，总是噘着嘴拍拍他的屁股，但从来不向祖父告状。

在学校，达·芬奇也跟别的同学不一样，他从不和同学们一起玩。同学们玩的那些游戏，他觉得一点意思

也没有。有一次，他看见同学们捉来一只蝴蝶，把它的翅膀拔掉了，害得蝴蝶飞不起来，只能在地上爬来爬去。同学们都开心得大喊大叫，他却呆呆地站在一旁，脸色发青，露出一副怜悯的神情，最后低着头走开了。

最可怕的还是那回。那天，学校里的打架大王，一个叫索洛的高年级学生抓了一只土拨鼠，伙同一些同学在地上撵着玩。把它弄了个半死还不尽兴，他们又拿绳子把这只土拨鼠的一只腿拴上，要丢给狗吃。达·芬奇在一旁再也看不下去了，他冲过来，一下子

推倒了三个同学。其他人都呆住了，他们万万没想到，平时不声不响的达·芬奇竟敢这样做。就在他们愣神的时候，达·芬奇抢过那只可怜的土拨鼠后拔腿就跑，他打算把它放回田野。

“打他，揍他，冲啊！”同学们终于明白过来了，在索洛的带领下朝他冲来。达·芬奇赶紧跑，最后，索洛追上了达·芬奇。他抓住达·芬奇的头发，一拳打在他的脸上。“把它还给我！你这个坏家伙！”达·芬奇也不甘示弱，狠狠地还了一拳，打在索洛的眼眶边，痛得他哇哇大叫。这时候，达·芬奇把手一松，土拨鼠落到地上，从人群中逃跑了。

索洛的父亲因为儿子的眼睛被打坏了，向达·芬奇的祖父告状，祖父要打他，

幸好祖母说情，他才免过了挨打，但祖父还是把他关进楼梯底下的一个黑屋子，一连关了好几天。

在黑屋子里，透过门缝射进来的一丝光线，达·芬奇看见了一只蜘蛛，它正在吃被粘在网上的苍蝇。苍蝇挣扎着，却徒劳无功。达·芬奇本可以救这只苍蝇，就像他救了土拨鼠一样。但是，一种模糊的不可抑制的情感阻止了他，他看着蜘蛛吃掉了苍蝇，他仔细地观察着这一切，就像观察花草的构造一般。

2. 好学少年

少年达·芬奇兴趣多样，喜欢观察周围的事物，他知道许多东西，连有名气的科学家都为此称叹。

除了在母亲和祖母那儿得到快乐外，达·芬奇总爱一个人呆着，好像老是在观察着什么，想着什么，别人都以为他是个不会玩的孩子。

其实达·芬奇对什么都很感兴趣，他是个好奇心很重、学习能力很强的孩子。

5岁那年，他和镇上的人在河边庆祝节日。由于他长相俊美，人们把他选为爱神丘比特。他背上戴着一对白色的羽毛翅膀、手里拿着一把藤蔓制作的弓箭，像天使一样被人们簇拥到装扮华丽的马车上。他的任务

是朝围着大车跳舞的青年男女们射出纸箭，这是当地的一种民俗，意味着被纸箭射中的青年即将找到自己的心上人。达·芬奇挥舞着小弓箭，不时射出一支支爱情之箭，被射中的人都高兴得大笑。达·芬奇也跟着欢笑，还转动身体，学着青年男女的样子跳舞。

后来有人说：“上天往往像降雨一样赐给某些人超出常人的才能，以一种奇妙的方式把多方面的才艺汇集在一个人身上；美貌、风度、才能，这个人应有尽有，不论从事何种工作，别人都会望尘莫及。”

一天早晨，达·芬奇的父亲起床后习惯性地来到

自家花园里修剪花木。突然，他发现有一只小鸟站在旁边树枝上一动不动，他走上前去细看，原来是一个泥巴塑成的小鸟。这只泥塑的小鸟是那么逼真、那么传神，使得他一下子茫然了，这是谁干的？

这时达·芬奇也起床了，正在门口伸懒腰。父亲随意问道："你知道这是谁干的吗？"

"是我，爸爸。"达·芬奇有些紧张，脸也红了。

父亲吃了一惊，然后欣慰地笑了："好，塑得好啊，我的好儿子，真有出息。"他高兴地走过来，拍拍他的肩膀。

其实当父亲的还不知道，达·芬奇让人吃惊的地方可多了。有一次，他还让从佛罗伦萨来的建筑师刮目相看呢。

那天，建筑师正在芬奇村附近建一座大别墅，发现工地旁有个小孩子，正在看工人们如何筑墙，如何拿曲尺砌石，又如何用机器把沉重的石头升上去。这孩子真怪啊，他能看得懂吗？他已经在这里看了好几天了。

建筑师终于控制不住自己的好奇心，和这孩子闲谈起来。通过闲谈，建筑师惊讶地发现这孩子有很强的理解力，甚至比正在施工的工人们懂得还多。建筑师就教他算术、代数、几何和力学的基本知识，起初是教着玩的，后来见这孩子学得很快，就完全认真地教。他发现，这孩子学东西很容易，就像他以前什么都知道，后来又忘掉了，现在不过是轻松地回忆罢了。

这孩子就是达·芬奇。建筑师临走时逢人就说，芬奇村出了个小天才。

此外，达·芬奇还喜欢涂涂画画，跟别人不同的是，他是个左撇子，写字用左手，画画也用左手。他不是拿一支画笔随便涂画几下，而是在长时间观察大自然的某种东西后，再来构思决定画什么、怎么画。而且，他画什么就像什么。蜻蜓、蝙蝠、青蛙、蝴蝶、小鸟……他看见了可爱的东西，就要画下来。

因为他的聪明伶俐，很多人都很喜欢他，但只有一个人不喜欢达·芬奇，这人就是他的祖父。祖父不喜欢孙儿种种与众不同之处。达·芬奇习惯用左手，这一点也被祖父看作是不祥之兆。有人说那些跟魔鬼签过协约、会使用巫术的人，生来都是惯用左手的。还说曾经喂过达·芬奇的那只黑山羊，它的主人是住在山上的老太婆，她本来是个巫婆，为了奉承魔鬼，也许在喂达·芬奇的山羊奶上行了巫术呢。

听了这种话，祖父更不喜欢达·芬奇

了。"这些事恐怕都是真的，要不他为什么老往山上跑？唉，天意如此啊！"老爷子想道。

这时，家里发生了变故，达·芬奇的命运也跟着出现了变化。

彼特罗的妻子，也就是达·芬奇的后妈去世了。彼特罗又和一个很年轻的姑娘恋爱了，并很快结了婚。他的生意也格外地好。一次，他帮个大老板打赢了一场官司，为了表示感谢，这个大老板付给他一大笔酬金。他用这笔钱在佛罗伦萨买了所房子，把新婚妻子和达·芬奇都接了过去。

这一年，达·芬奇13岁。

当时正值欧洲文艺复兴运动兴起，文艺复兴是一次辉煌的文化运动，也是一场继承古代文艺精华并具有伟大创

新的文化运动，人们以极大的热情追求科学和艺术，带来了文化艺术的空前繁荣，是一个诞生文化巨人的时代。

美丽的历史名城佛罗伦萨在当时是意大利文化艺术的中心，同时也是文艺复兴运动的中心城市之一。这座艺术之城聚集了世界各地的科学家、艺术家。那些财主、银行家为了收集绘画、雕塑等艺术作品，不惜重金购买。因此，一批文艺复兴时期的杰出艺术家得以在此争奇斗艳，交相辉映。少年达·芬奇来到这里，受到艺术氛围的熏陶，为他的进一步成长创造了条件。

达·芬奇在城里四处游走，就像他从前在山上四处游走一样。在小巷中的商店里，他看见了琳琅满目的工艺品，珠宝首饰、雕花家具，还有铁匠们的作品，每一件都是那样精致，这一切让乡村少年达·芬奇大开眼界。在城里随处可见的古迹中，他又看了很多壁画、古殿堂、庙宇、大理石雕像，这些巨大的建筑物散发出神秘的美感，像是在对着天空和大地、对着人类默默地诉说着什么，达·芬奇那稚嫩的心灵被深深地震撼了。

最后，达·芬奇的眼光落到了人身上。这个城市住着很多有名的科学家、艺术家，这里的人们也很崇拜他们，在路上遇到他

们时，都要脱帽致敬。在离自己家不远的小巷，达·芬奇常看见一个奇特的人，他的面貌很是丑陋，但他那双眼睛却出奇的明亮、平静，眼神像小孩子一样天真，过路的人常常向他恭敬地行礼。原来，他就是闻名意大利的科学家托斯卡涅里。

一天傍晚，达·芬奇鼓起勇气敲开了托斯卡涅里的家门，来拜访这位科学家。托斯卡涅里一看来人是个孩子，以为是爱管闲事的小家伙，对他爱理不理。

“你来这儿有何贵干？”

“先生，我想和您谈谈……”达·芬奇怯生生地说。

“我要工作，没时间和你谈，你请回吧。”科学家说着，转过身子背对着他。

“先生，我想请教一个数学问题，耽误不了您多少时间的。”

科学家听后勉强和他谈了几句，很快他惊讶地发现眼前这个小孩子是数学天才。他主动提出要收达·芬奇为学生，达·芬奇欣喜不已，两人成为了师徒。

夏天的一个夜晚，师徒二人一同来到城外爬上了一

zuò xiǎo shān zài nà li yǒu yí ge kuài yào dǎo tā de shǒu lín rén de xiǎo wū zuò wéi
座小山。在那里有一个快要倒塌的守林人的小屋，作为
tuō sī kǎ niè lǐ de guān xiàng tái tuō sī kǎ niè lǐ zhǐ zhe shēn suì ér guǎng kuò de tiān
托斯卡涅里的观象台。托斯卡涅里指着深邃而广阔的天
kōng bǎ zì jǐ suǒ zhī dao de yí qiè tiān wén zhī shi jiāo gěi dá fēn qí
空，把自己所知道的一切天文知识教给达·芬奇。

dá fēn qí zài hé tuō sī kǎ niè lǐ de tán huà zhōng míng bai le zhī shi yǒu
达·芬奇在和托斯卡涅里的谈话中，明白了知识有
yì zhǒng lì liang tā kě yǐ gǎi biàn rén de shēng huó
一种力量，它可以改变人的生活。

3. 拜师学画

父亲让达·芬奇学画，达·芬奇画得不比师父差。他画了一个怪物，把父亲都吓了一跳。

达·芬奇每天都到托斯卡涅里那儿去学习，探究各种各样的知识。达·芬奇学得很快，比如在数学上，老师没教他多久，他就能不断提出各种问题。有些问题连老师也答不上来，只有目瞪口呆地看着他。

如果达·芬奇日后没有改学绘画，他肯定会成为杰出的科学家。

见儿子天天跟着科学家学习，彼特罗心里非常矛盾。本来，他希望儿子能继承自己的事业，这样以后就不愁没有荣誉和金钱了。可是儿子对公证人这个职业一点不感兴趣。当科学家嘛，成天待在屋里，鼓捣着一些莫名其妙的东西。那么，让儿子学什么好呢？

有一天，彼特罗想起了达·芬奇用泥巴做的那只小鸟，发现儿子很爱涂涂画画。对了，让他学画吧，他有这个天赋，又有兴趣。彼特罗拿了几件达·芬奇平常雕的雕塑和绘画，给他的老朋友——既是画师又是雕塑师的维洛启奥看。达·芬奇卓绝的艺术天赋让维洛启奥大吃一惊，他立刻答应收下这个学生。

父亲的话达·芬奇不能不听，况且，自己也很喜欢雕塑和绘画。于是，不久后达·芬奇告别了可敬的托斯卡涅里，进入维洛启奥的工场学艺。

维洛启奥的工场在一座旧桥旁边的一间古老的小屋里，屋里的房梁都差不多朽烂了，由于长期被肮脏的河水浸泡，墙壁上生满了绿斑。达·芬奇第一次见维洛启奥时，他正坐在工作台边认真地工作着，戴着眼镜，还拿着一把放大镜，这个样子与其说是一位艺术家，不如说像一个精打细算的小商人；但那紧闭的嘴唇和锐利的眼睛，表现出了艺术家的冷静和精准。

不久后，维洛启奥就发现这个徒弟跟别的徒弟不一样，自己虽然在许多方面可以当达·芬奇的师父，但他在某些方面也可以当自己的师父。

有一次，维洛启奥创作《基督的洗礼》这幅画。这是一个寺院订制的画，画中除了施洗者约翰和基督外，还要在旁边画两个虔诚的天使。按照惯例，这两个天使属于画中的次要部分，可以由学生来完成。

此时，维洛启奥已经成功地画出了一个天使，但画第二个时，他感到无从下手，待在画旁苦苦思考。这时，达·芬奇过来问道：“师父，您已经画了一个天使了，还在想什么呢？”

“你看，第二个天使，不能与前面一个相同，既要表现出他看到基督洗礼后的狂喜心情，又要显得天真无邪，不容易啊！”

shī fu nín yě xǔ lèi le qù xiē xie ba wǒ lái zhuó mo zhuó mo
“师父，您也许累了，去歇歇吧，我来琢磨琢磨，
hǎo ma
好吗？”

hǎo ba shèng xià zhè ge tiān shǐ nǐ lái bāng wǒ chǔ lǐ kàn nǐ de
“好吧，剩下这个天使，你来帮我处理，看你的
le shī fu shuō wán biàn tuō zhe pí juàn de shēn zi lí kāi le
了。”师父说完便拖着疲倦的身子离开了。

dá fēn qí shí fēn jī dòng tā dì yī cì yǒu jī hui bāng lǎo shī wán chéng zuò
达·芬奇十分激动，他第一次有机会帮老师完成作
pǐn tā zài huà qián zhěng zhěng guān chá sī kǎo le yì tiān tā fā xiàn shī fu huà de
品。他在画前整整观察、思考了一天，他发现师父画的
dì yī ge tiān shǐ shēn zi shāo yǒu diǎn féi dà yǎn jing yuán liū liū de yǎn shén yǒu xiē
第一个天使身子稍有点肥大，眼睛圆溜溜的，眼神有些
dāi zhì shī fu huà yuē hàn hé jī dū shí huā le hěn dà de gōng fu huà tiān shǐ
呆滞。“师父画约翰和基督时花了很大的工夫，画天使
shí yí dìng hěn pí juàn le tā xiǎng
时一定很疲倦了。”他想。

终于，他开始动笔了，他画的是一个跪着的天使，一头俏皮的卷发、眼神充满了宁静和喜悦，身姿小巧可爱，被一个薄薄的、像轻纱一样的光环围绕着。这个天使的出现，顿时使整幅画有了生气，光彩夺目。

其他徒弟围过来，他们看着画上的这个天使，脸上露出既兴奋又羡慕的表情。

当维洛启奥看见了达·芬奇画的那个天使时，他的眼里似乎有火花在闪烁，但这火花随即又熄灭了，脸上露出某种痛苦的表情。他咬紧牙关，似乎在克制这种痛苦。他缓缓地走到画前，仔细地看了画上的那个天使。

“天那，是你找到了，是你看见了，是你……把它画出来了。”师父转头对达·芬奇说道，“我花了很长时间来找它的形象，可是一直办不到，它始终是模糊的、晦暗的。但现在你却清楚地看见了它，并把它完美地表现出来。唉，我的好学生，你画得这样好，我今后恐怕要丢掉画笔，只能拿雕塑刀了！”

从此，达·芬奇名声大震，成为著名艺术家维洛启奥的第一高徒。不久后达·芬奇获得了独立完成作品的资格，如果接到重要的订货，师父会让达·芬奇来画。

达·芬奇完成的第一幅作品，是画在一幅绸缎上的，这幅画完工后要送到另一个地方去绣上金边，作为佛罗伦萨市民献给葡萄牙国王的礼物。画的内容是亚当和夏娃在伊甸园的故事，画上有一棵树，树上有无数的枝节，达·芬奇一点也不马虎，把它们画得十分完美。更让人称奇的是，画上的那条蛇竟也画得很有灵性、很美丽，似乎能听到它在说话。

有一天，父亲彼特罗回芬奇村办事，乡亲们听说达·芬奇在城里有了名气，纷纷前来祝贺。一个邻居对彼特罗说道：“彼特罗先生，我从小看着这孩子长大，一直认为他是我们村将来最有出息的孩子，怎么样，我没看错吧？彼特罗先生，我想劳驾一件事，不知行不行？”

“什么事，你尽管讲吧。”彼特罗豪爽地说道。

这位邻居常常帮助彼特罗捕鱼和打猎，为他家出过不少力。他砍了一棵无花果树，自己做了一面盾牌，

xiǎng ràng dá fēn qí zài dùn pái miàn shang huà yì fú huà
想让达·芬奇在盾牌面上画一幅画。

zhè zhǒng dùn pái shì fàng zài wū zi li zuò zhuāng shì yòng de yǐ qián rén men xǐ huān zài shàng mian huà xiē dòng wù zhī lèi de tú huà
这种盾牌是放在屋子里作装饰用的，以前人们喜欢在上面画些动物之类的图画。

xiān sheng nín ràng tā suí biàn huà diǎn shén me dōu xíng zhǐ yào néng ràng rén dà chī yì jīng ràng rén kàn le yì shí bàn huì er wàng bú diào wǒ xiǎng nòng ge xiǎo pù zi mài diǎn yú huò zhě shān li de yě wù yǒu fù huà hǎo dāng zhāo pai
“先生，您让他随便画点什么都行，只要能让人大吃一惊，让人看了一时半会儿忘不掉。我想弄个小铺子，卖点鱼或者山里的野物，有幅画好当招牌。”

méi wèn tí wǒ yì huí chéng jiù ràng tā gěi nǐ huà bǐ tè luó shuō
“没问题，我一回城就让他给你画。”彼特罗说。

达·芬奇接到消息后，决定在盾牌上画一只怪物。

他搜集了蜥蜴、蛇、螳螂、蜈蚣、蝎子、蝙蝠、壁虎等许多动物，放在自己的房间里观察，不许别人进去。他从这些动物之中选出身体的不同部分，拼凑起来，组成一只怪物。这个怪物是不存在的，但看起来非常真实。

达·芬奇一个人待在房间里日夜不停地工作，完

全不在乎动物散发出的臭气。画完后，他让父亲随时来取。

彼特罗先生在一个清晨来取画，达·芬奇请他在旁边房间等着，自己来到屋里，把图画靠在架子上，用一条黑布蒙上，再关上窗子，让一线光照在画面上。

画面上，一只怪物从一个洞口爬出来，张开大口，喷着毒气，两眼冒火，鼻孔喷烟，看上去非常可怕，人们好像能听到它生着鳞片的肚皮在地面上擦过的声音。最让人吃惊的是，初看这只怪物时很害怕，但看久

了，又会觉得这个可怕的怪物很吸引人，舍不得转开视线。

一切布置完毕，他朝门外喊道：“爸，你可以进来了。”

彼特罗先生走进来，朝那怪物看了一眼，大叫一声转身就要跑，达·芬奇一把拉住他，他才回头继

xù kàn nà ge guài wu bìng jiàn jiàn lù chū jīng yà
续看那个怪物并渐渐露出惊讶
de shén qíng yú shì dá fēn qí shuō dào
的神情。于是达·芬奇说道：
zhè fú huà dá dào mù dì le tā guǒ rán
“这幅画达到目的了，它果然
ràng rén chī jīng nín bǎ zhè dùn pái ná zǒu
让人吃惊。您把这盾牌拿走
ba
吧。”

bǐ tè luó jué de ér zi de zhè fú huà
彼特罗觉得儿子的这幅画
shì qí jì bú yuàn sòng gěi lín jū jiù dào
是奇迹，不愿送给邻居，就到
shāng diàn li mǎi le ge dùn pái jiāo gěi lín jū
商店里买了个盾牌交给邻居，
shàng mian huà le yì kē bèi lì jiàn chuān tòu de
上面画了一颗被利剑穿透的
xīn lín jū duì zhè miàn dùn pái hěn mǎn yì
心。邻居对这面盾牌很满意，
duì bǐ tè luó gǎn jī bú jìn
对彼特罗感激不尽。

lí kāi gǔ chéng
4.离开古城

dá fēn qí xiǎng lí kāi fó luó lún sà zhè ge zhú jiàn biàn de xuè xīng de dì fang
达·芬奇想离开佛罗伦萨这个逐渐变得血腥的地方，
yí ge ǒu rán de jī hui tā lái dào mǐ lán dāng le yì míng gōng tíng yīn yuè jiā
一个偶然的机会，他来到米兰当了一名宫廷音乐家。

dá fēn qí jì xù zài fó luó lún sà shēng huó zhe zài wéi
达·芬奇继续在佛罗伦萨生活着。在维
luò qǐ ào de gōngchǎng li tā jiāo le jǐ wèi hǎo péng you
洛启奥的工场里，他交了几位好朋友。

有个叫洛佐伦的同学，年龄比较小，而且体弱多病，达·芬奇经常帮助他，有时师父叫他去采买物品，达·芬奇就代他去买。他生了病，达·芬奇在床前照顾他，还请来名医为他治病。洛佐伦十分感激，处处以达·芬奇为榜样，连走路、说话和一些细小的动作都模仿达·芬奇。别人都说他是达·芬奇的影子，他不但不争辩，反倒报以自豪的一笑。

一个叫波提切里的青年常常来工场，他以前也是维洛启奥的学生，后来自己开了画室。他虽然比达·芬奇大8岁，但仍虚心地向他学习，后来画出了许多闻名于世的作品。他给但丁的《神曲》画了90多幅插图，还画出名作《维纳斯的诞生》，成为文艺复兴时期著名的画家之一。他善于观察、想象力丰富，达·芬奇也从他那儿学到了许多东西。

不过，和达·芬奇关系最亲密的还是师父维洛启奥。他俩既是师生，又是好朋友。

师父生病了，达·芬奇不仅细心地看护他，还为师父弹竖琴，给师父带来快乐。达·芬奇从小就喜欢音乐，也有研究。他不仅可以自弹自唱，还可以编制曲调和写歌词，使人听了精神振奋。

转眼间，达·芬奇已在维洛启奥的工场学习了七八年，他不仅相貌俊美，而且举手投足间都有一种无法用语言表达的风度翩翩。认识他的人说道：“他如此之美，一见他连最忧愁的灵魂也要快活起来。”

由于达·芬奇在各方面都很出众，在维洛启奥工场和其他工场嫉恨他的人也不少。其中有个人，见维洛启奥和达·芬奇的关系很亲密，竟写了封匿名信，控告这师徒二人是同性恋。这件事闹得满城风雨，只要达·芬奇出门，就会发现有人在他身后指指点点，交头接耳。

显然，工场是待不下去了，达·芬奇带着被伤害的心，告别了师父，回到故乡芬奇村。

这时，父亲彼特罗已退休在家，他的第二任夫人也因病早早地离开了人世，彼特罗和第三位夫人结了婚。这位继母不喜欢达·芬奇，尤其是她生了两个儿子后，对达·芬奇更是没有什么好脸色了。

在佛罗伦萨城里，达·芬奇很会花钱，彼特罗都慷慨地给他。可是这位继母来后，时常同彼特罗吵闹，说达·芬奇花钱太多，夺去了合法继承人的财产。而“那个私生子、那个喝巫婆的羊奶长大的孩子”就是后母对达·芬奇的称呼。

在家里待了几天，达·芬奇又回到了佛罗伦萨，自己租了间房子继续钻研画艺。后来，佛罗伦萨的统治者美弟奇看上了他的才华，招他为宫廷艺术家。本来这份差事收入还不错，但达·芬奇并不在乎，他一门心思为的是艺术。美弟奇是个狂妄自大的人，喜欢周围的人奉承他，使得他的宫廷里弥漫着一股与艺术毫不相干的庸俗气氛。这是令达·芬奇厌恶的，他终于想离开佛罗伦萨了。

1478年，佛罗伦萨城发生了一件大血案，轰动一时。

美弟奇是佛罗伦萨的统治者，他的家族是城里第一大家族，城里的另一大家族是巴茨家族。一直以来，两大家族斗得死去活来。巴茨家实力越来越强，准备一举打跨美弟奇家族。他们利用祈祷的时候突然袭击，但并没有干掉美弟奇，只杀了他的弟弟。

美弟奇受了伤，躲起来，然后组织力量反扑，最终成了胜利者。巴茨家族被摧毁了，几百人被判处死刑，不少尸体被吊在街道的绞架上，在风中摇晃着。

达·芬奇的心灵又一次被震憾了，血淋淋的现实让他无法忍受，他不顾一切地想离开佛罗伦萨。这个历史名城曾给予他无数灵感和快乐，给了他成长所需要的营养，也给了他一定的名声，而今，它已不再适于艺术

家的生存和创造了。他担心，只要自己在这个城市多待一天，自己就可能会堕落。

无论到哪里都可以，只要能离开这个城市。达·芬奇甚至托人介绍到中东一个国家去当宫廷建筑师，结果却没去成。

正当他一筹莫展之时，一件偶然的事发生了。达·芬奇发明了一种银琴，形状有点像马脑袋，上面有很多根弦，样式和声音都很新颖。美弟奇本人很喜欢这件乐器，想把它献给米兰的公爵。他叫人招来达·芬奇，说道：

“听说你想离开佛罗伦萨，是吗？”

“尊敬的先生，我在这个城市住了十多年，想出去换换空气。”达·芬奇委婉地说道。

“不用瞒我了，你想走，我给你个机会，你把银琴送到米兰公爵那里去，他一定会喜欢的。上次我和他见面，他曾说过手下没有好的音乐家，你要是运气好，他会留下你。”美弟奇带着讥笑的口吻说。

“谢谢您，尊敬的先生。”达·芬奇鞠了一躬，冷静地致谢。能离开佛罗伦萨，他当然很高兴，不过，这次到米兰，他不是作为艺术家或学者，而是去当宫廷

音乐家，将来会怎么样，还不得而知。

1482年，达·芬奇离开佛罗伦萨去米兰。动身前，他写了一封信给米兰公爵：

“高贵的殿下，我分析了那些兵工专家发明的武器弹药，发现他们制造的东西很平常，并没有什么了不起的地方。我没有任何贬低他人的意思，只是想把我自己掌握的一些秘密提供给殿下。”

接着，他在信中列举了他的一些发明，比如一种

qīng biàn de kě yǐ fáng huǒ de qiáo liáng zhè zhǒng qiáo néng gòu háo bú fèi lì de yí
轻便的可以防火的桥梁，这种桥能够毫不费力地移
dòng zài zhàn háo hé jiāng hé xià qiāo wú shēng xī de wā jué dì dào de jī qi gěi
动；在战壕和江河下悄无声息地挖掘地道的机器；给
zhàn chē méng shàng yì céng kuī jiǎ chōng rù dí zhèn ràng dí rén wú fǎ zǔ zhǐ hái
战车蒙上一层盔甲，冲入敌阵，让敌人无法阻止；还
yǒu wéi chéng yòng de chōng chéng jī jù dà de tóu shí jī děng
有围城用的冲城机、巨大的投石机等。

zài xìn de mò wěi tā xiě dào zài hé píng shí
在信的末尾，他写道：“在和平时
qī wǒ xī wàng zuò ge jiàn zhù shī tì diàn xià bàn shì
期，我希望做个建筑师，替殿下办事，
wǒ jiāng jiàn zhù sī rén de hé gōng jiā de fáng wū wǒ hái néng
我将建筑私人的和公家的房屋。我还能
huì huà diāo sù jiǎ rú ràng wǒ diāo yì zūn qīng tóng qí mǎ sù
绘画、雕塑，假如让我雕一尊青铜骑马塑
xiàng yǐ jì niàn nǐn nà wén míng sì fāng de jiā zú wǒ yě néng
像，以纪念您那闻名四方的家族，我也能
bàn de dào
办得到。”

dá fēn qí xī wàng yǐ zì jǐ duō fāng miàn de cái néng
达·芬奇希望以自己多方面的才能，
zài mǐ lán shí xiàn zì jǐ de yì fān bào fù ér bú jǐn jǐn kào
在米兰实现自己的一番抱负，而不仅仅靠
dāng gōng tíng yīn yuè jiā dǎ fa rì zi
当宫廷音乐家打发日子。

jù xíng sù xiàng

5.巨型塑像

dá fēn qí dào mǐ lán hòu kāi shǐ shè jì jù xíng qīng tóng sù xiàng dàn wán
达·芬奇到米兰后，开始设计巨型青铜塑像，但完
chéng de shì yí ge ní diāo xiàng shí duō nián hòu tā bèi gōng jìn chéng lái de fǎ guó
成的是一个泥雕像。十多年后，它被攻进城来的法国
rén huǐ diào le
人毁掉了。

nián dá fēn qí lí kāi fó luó lún sà yí jū mǐ lán zài mǐ lán
1482年，达·芬奇离开佛罗伦萨移居米兰，在米兰
dà gōng sī fú chá gōng tíng fú wù yì zhí dào nián dá fēn qí dōu zài
大公斯福查宫廷服务。一直到1499年，达·芬奇都在
nà li dāi zhe zhè yì shí qī tā zài yì shù hé kē xué shang dōu qǔ dé le lěi
那里待着。这一时期，他在艺术和科学上都取得了累
lěi shuò guǒ bèi chēng wéi dì yī mǐ lán shí qī tā de míng shēng chuán biàn le
累硕果，被称为“第一米兰时期”，他的名声传遍了
guó nèi wài
国内外。

一到米兰，米兰大公莫罗接见了他，简单的问询过后，莫罗说道：

“你在信上提到可以完成斯福查像，这可不是个轻松的活啊，你能行吗？”

“大公，我在信里向您提过的事，我都能办到，只是，这个塑像太大，需要花费很多青铜，不知……”

“没问题，你需要什么东西尽管开口，你就开始干吧。”莫罗大公兴奋地说。他也感觉到达·芬奇有一种超出常人的能力，他早就听说过达·芬奇在佛罗伦萨的种种事迹了。

高兴之余，莫罗慷慨地命令，把米兰郊区要塞和修道院之间的土地划归给达·芬奇。

这片原野风景优美，很适合挥笔作画或科学研究。达·芬奇指挥工人很快建起了房屋，有画室、卧室、杂屋，园子里还有一间上了锁的小屋，那是达·芬奇做试验的地方。

达·芬奇开始在画室设计塑像，完成了一部分细节工作。这个塑像，高8米，需要10万磅青铜才能铸成，

但画室太小了。达·芬奇向莫罗提出找一块宽敞的地方作为工场，莫罗爽快地同意了。

斯福查是莫罗的祖上，是位打了一辈子仗的老兵。达·芬奇为他的塑像设计出两个方案：一个是斯福查骑在一匹平静地行走着的骏马上，脸上表现出胜利者的骄傲神情；另一个是斯福查跃马扬鞭，马蹄下躺着被打翻的敌人。

考虑许久，达·芬奇终于决定采用第二个方案。

方案开始施行了。然而，莫罗大公没有兑现自己的诺言，他有许许多多奢侈的花费，逐渐掏空了他的国库，以至于拿不出钱来购买大量的青铜。为了这事，达·芬奇曾多次催促，但都不了了之。后来，随着战

争的临近，城内一切可用的金属都用来做枪炮弹药，青铜塑像的事儿更是没戏了。

1493年，米兰人终于看见广场上那座塑像揭幕。但这座耗费达·芬奇大量精力的塑像还只是一个泥塑像，莫罗答应将来有钱后再浇铸青铜。

但是，这座塑像永远也无法浇铸青铜了。1499年，法国人攻进米兰，巨像遭到了厄运。

那天，达·芬奇正在思考飞行器，突然，有人急匆匆地闯进屋子，脸上满是惊慌的神色。

“达·芬奇先生，我刚从广场过来，我亲眼看见法国人正在毁坏您的塑像！快点！快点去吧！”

“有什么用呢？”达·芬奇平静地说，

不过他的脸也有些变白了，“到那里去，我们能做什么？”

“您的伟大作品被人毁灭的时候，我们总不能不声不响地坐在这儿，我们必须做些事情。快点，我们还来得及！”

听来人这样说，达·芬奇便同他一道离开屋子，跃过篱笆，向广场跑去。

达·芬奇穿过拥挤的人群，来到广场中央，看见他的巨型塑像还没怎么受到损坏——斯福查还同以前一样，骑在他的骏马上，这马的后腿直立着，马蹄下有一个倒下去的敌人。

广场上满是带枪的法国军人，他们一群群围绕着塑像，指着它，正在大声嚷着什么。达·芬奇观察

了一会儿，明白了，有两个家伙要用这塑像打赌，看谁射箭准。他们商定每人先喝四大杯酒，然后轮流从五十步远的地方射箭，目标是塑像脸上的一颗黑痣。

两人捧着大杯的酒一阵狂喝，然后开始比赛。第一个家伙射的箭从塑像脸旁擦过，但划掉了耳朵上的一小块泥土。

第二个家伙刚把箭搭上弓，人群中就起了一阵骚动，士兵们纷纷退到两旁，让出一条路来，一支穿得整整齐齐的队伍走过，后面跟着个骑马的军官，他的眼睛看着远方，并没有在意广场上士兵做的事情。

“那人是谁？”达·芬奇问身边的士兵。

“我们的团长大人，先生。”

达·芬奇在心里默默地想：“现在还不迟，我赶得上他，我可以请求他……”

可是他一动不动。他厌恶这里的一切，他觉得自己在这群拿着枪疯狂叫喊着的人们面前，是多么渺小，一想到自己要挤过这些人去追赶一位团长，他甚至感到耻辱。

又一支箭射出去了，在空气中嗖嗖作响，刚好射中了塑像脸上的那颗黑痣。

“好得很，好啊好啊！”士兵们大叫起来，还挥舞着帽子。

又有几个士兵要继续比赛，有些性急的人还捡起地上的石头朝塑像扔去。

达·芬奇想走开，他不忍见到花了自己十多年心血的作品被人毁坏。但是，他的腿像生了根一样无法拔动。凡是见过这座泥雕塑像的人，都赞叹它气魄雄伟，也许是雕塑史上最伟大的作品。但现在，它却成了兵士们取乐的工具。

在弓箭和石头的击打下，塑像上的泥土一块块地掉下来，士兵们也越来越疯狂。不久，塑像的铁架子都露了出来，那匹马的脑袋不见了，而且少了两只腿，这个塑像被毁了。

这时，法国军队的总司令老元帅特里武佐从广场经过，他看了一眼塑像，吃惊地停住了脚步，转身问随从：

“这怎么了，这些人在干什么？”

“报告司令，他们在比赛弓箭……”一个副官恭恭敬敬地答道。

“拿斯福查的塑像来比赛？”老元帅大喊起来，“拿达·芬奇的作品，当你们这些蠢货的靶子吗？”

他大步向士兵们走去，这时许多士兵正忙着射箭，根本不知道老元帅来了。他抓住一个士兵的衣领，使劲一摔，士兵倒在地上，老元帅朝他吼叫着，脖子上青筋毕露。

“一群畜生，等着吧，”老元帅实在气坏了，他拔出剑，对准躺在地上求饶的士兵，就要刺下去。突然，一只手从旁边伸过来有力地抓住了他的手臂。

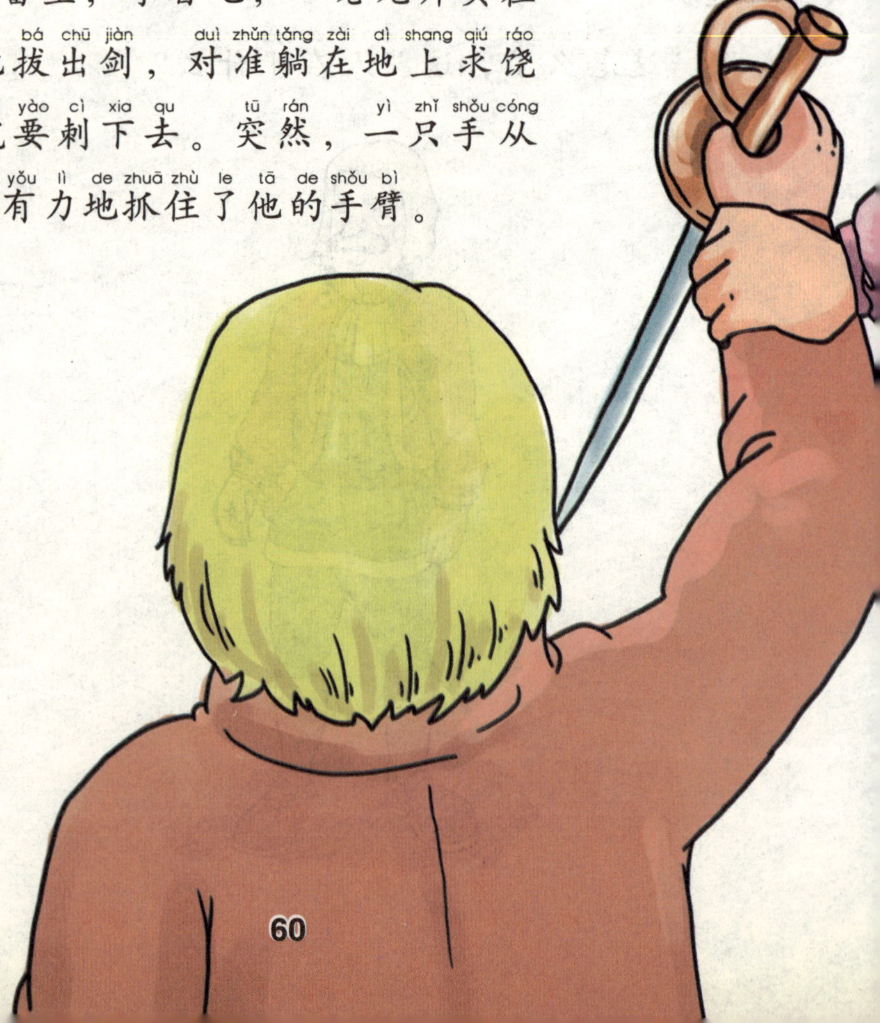

老元帅拼命想挣脱，但怎么也办不到，他转过头，瞪着一双血红的眼睛问道："你是谁？"

"达·芬奇。"抓住他手臂的那人平静地回答。

"啊，你就是达·芬奇！"老元帅的火一下子消了，"松开我的手，你力气真大呀，朋友，你很勇敢。"

"先生，我恳求您，收起您的剑，宽恕他们吧。"

"你真是个怪人，他们把你最伟大的作品毁了，你反而替他们说情？"

"先生，就算您把他们通通杀死，又有什么用呢？他们不知道自己在干些什么。"

"可惜啊，"老元帅看着地下的碎片说，"我情愿用一百个最好的战士来换你这个塑像。"

就这样，这个巨型塑像被毁掉了，达·芬奇痛苦地回到了自己的住处。

6. 飞行器

让人飞起来是达·芬奇一生的梦想。他设计的飞行器在十多年的试飞中都失败了，还把铁匠摔成重伤。但他始终相信，人总有一天会飞起来。

虽然达·芬奇在米兰大公的宫廷里的正式身份只是音乐师，实际上他什么事都干。无数发明创造装在他的脑中，他开始一件件地实践起来。

他最大的梦想，是让人在空中自由自在地飞翔。

他记得自己童年时做过的梦，梦见自己躺在摇篮里，一只大鸟飞来，用它巨大的翅膀撬开他的嘴，在嘴

shang mó cā le jǐ cì hǎo xiàng zài kěn qiú tā ràng tā wèi fēi niǎo shuō huà
上摩擦了几次，好像在恳求他，让他为飞鸟说话。

tóng nián shí tā cháng lái dào shān li tǎng zài róu ruǎn de cǎo dì shang guān chá
童年时，他常来到山里，躺在柔软的草地上观察
niǎo er de fēi xiáng yǒu shí hou tā jué de zì jǐ yě gēn zhe niǎo er yì qǐ fēi le
鸟儿的飞翔。有时候，他觉得自己也跟着鸟儿一起飞了
qǐ lai tā sì hu tīng jian niǎo er hū huàn tā lái ba lái ba wǒ men yì
起来，他似乎听见鸟儿呼唤他：“来吧，来吧，我们一
qǐ fēi
起飞。”

tā céng jīng bǎ zǔ fù yǎng zài lǒng zi li de niǎo er tōu tōu fàng zǒu dāng tā kàn
他曾经把祖父养在笼子里的鸟儿偷偷放走，当他看
zhe chóng huò zì yóu de niǎo er zài lán tiān kuài
着重获自由的鸟儿在蓝天快
lè de pán xuán shí tā yì diǎn yě bú zài hu
乐地盘旋时，他一点也不在乎
zǔ fù duì tā de chéng fá
祖父对他的惩罚。

hòu lái ràng rén lèi fēi qi lai chéng le
后来，让人类飞起来成了
tā yì shēng dōu zài zhuī qiú de mù biāo
他一生都在追求的目标。

dào mǐ lán hòu dá fēn qí kāi shǐ
到米兰后，达·芬奇开始
zhì zào fēi xíng qì tā cóng fó luó lún sà zhǎo
制造飞行器，他从佛罗伦萨找
lái yí ge tiě jiàng zuò bāng shǒu zhè ge tiě jiàng
来一个铁匠做帮手。这个铁匠

名叫亚斯特罗，他的一只眼瞎了，那是干活时被从火炉里蹦出的火星弄瞎的。这个大汉竟也对飞行很有兴趣，没日没夜地跟着达·芬奇研究。

许多年过去了，达·芬奇的飞行器始终未能成功。他不断地观察各种鸟的飞行，不断地计算后画出设计图纸，再让亚斯特罗做出模型。眼下，达·芬奇做的飞行器很像一只大鸟，有四个翅膀，飞行的人站在蹬踏上，靠双脚活动，使翅膀扇动。在人的头部还有舵把，上面粘满了羽毛，像鸟儿的尾巴一样。此外，还有两个芦苇做的像梯子一般的东西装在飞行器上，代替鸟脚的作用。

达·芬奇知道，一架完善的机器同时也是美观和匀称的。这两把梯子装在飞行器上后非常难看，但始终找不出其他的解决办法。

他埋头计算，想把错误的地方找出来，可是始终没有结果。他在一张密密麻麻地画满了数字和图形的纸上，心烦意乱地涂了几笔。他的飞行器已经多次试验，但都失败了。周围许多人都在说风凉话。达·芬奇自从有了自己的工作场地后，陆陆续续添了几个徒弟，现在，这几个徒弟中几乎没有支持他继续搞飞行器的，唯一跟着他坚持的就是铁匠亚斯特罗了。

有一次，两人苦干了两个月，终于做成了一架飞行器。亚斯特罗等不及，一定要试飞，达·芬奇劝他说：“好兄弟，别着急，我还没计算好。”

“师父啊，要是我飞成功了，你就不用计算结果了。”亚斯特罗说道，然后急不可耐地拿着飞行器跑了出去。

他爬上屋顶，身上缠着一根带子，带子上挂满猪尿泡和牛尿泡，免得掉下来时把骨头摔坏了。起初风很大，似乎飞起来了，他高兴得直叫唤。正在这时，风突然停了，他像一只被猎人打中的鸟儿一样往下掉，倒栽进粪堆。他身上挂的那些尿泡全都炸开了，邻近教堂上的乌鸦吓得都飞走了，而亚斯特罗这个空中飞人呢，两只脚还在乱舞，想从粪堆中出来。

那之后，达·芬奇

又对飞行器进行了多次改进，但他还是不满意，而亚斯特罗又等不及了，老嚷着要试飞。

一天，亚斯特罗风风火火地闯进屋里，对达·芬奇说：“师父，我已经把左边那扇飞翼做好了，明天，我又可以上天了。”

达·芬奇耐心地说：“这架机器还不能用，你再等等吧。”

“不，不，师父，我们在这上面花了多少年了？连从粪堆里爬出的苍蝇都能飞，只有我们人类还在地上爬，像毛毛虫一样，气死人了……”

这时，徒弟马可进屋说：“师父，莫罗大公让您去宫里一趟。”

达·芬奇赶到宫里，莫罗大公笑着对他说：“这段时间你是不是还在鼓捣你那个飞行器？别忘了你还有好多正事儿要办呢。我记得古代有个狄翁尼士耳朵的故事，说是有一种装在墙上的监听装置，能使国王听到别人在其他房子里的一切谈话。我想在宫里装一个这样的听管，你以为如何？”

“我明白了，殿下，我回去研究一下吧。”达·芬奇没有去想大公会拿它做什么，只是把它看做一种很

新奇的设备。在设计这种管子时，可以研究声波振动的原理。

接下来，两人又谈起新开凿的大运河，这也是由达·芬奇主持的工程。他同时在为大公做很多事情，大公已离不开他了，但在资金方面总是拖延。

达·芬奇向大公详细地解释了所有的计划和工作，然后请求大公拨出后续工程所需的款项。

“还差多少？”大公问。

“一公里路要花500个金币，总共要花15600个金币。”达·芬奇回答。

“太多了，达·芬奇先生，你这是要让我破产吗？你总是要求一些办不到的事，别忘了我还有其他建筑师，他们从没向我要这么多钱。”

“殿下，你完全可以请别人来主持这个工程。”

“好了，好了，不谈这个，以后再说吧……现在，我要休息了。”

就这样，达·芬奇又接受了大公的新任务，为他设计听管。

时间一年一年地过去，达·芬奇仍研究着他的飞行器。到了1499年，他做出来的新机器不再像一只小

鸟，而是像一只大燕子。经过计算，达·芬奇难过地发现，这架机器还是飞不起来。这时候，法国人开始攻打米兰，达·芬奇就暂时放下飞行器的事。可亚斯特罗不死心，老想着要拿这新机器试飞，达·芬奇不忍心告诉他，这架机器还是不中用的。铁匠也有意避开师父，不再谈起飞行器。

一天，达·芬奇发现飞行器不见了，他知道，一定是亚斯特罗拿走了它，赶紧叫徒弟们出去找他。他焦急不安地在大门口徘徊，终于看到徒弟们回来了。他们抬着新造的飞行器的一扇机翼，上面躺着他们的师兄——铁匠亚斯特罗。他的衣服破成一条一条的，染着血，脸色像死人一样苍白。

达·芬奇最担心的事情果然发生了，铁匠跑到屋顶上试飞，机翼扇动了两三下就掉下来了。幸好一扇机翼挂在一棵树上，才保住了命。

达·芬奇把铁匠送回自己的屋里，放在床上，亲自给他检查伤口。这时亚斯特罗醒了，他看着师父，含着泪轻声说："师父，对不起！"

亚斯特罗的伤很重，也许会残废，他再也不能为达·芬奇做工和试飞了。达·芬奇打算亲自送他回家乡疗养，他对亚斯特罗说："飞翼会长出来的。我们

jiāng huì yǒu fēi yì rú guǒ wǒ men zuò bu dào jiāng lái zǒng yǒu rén néng zuò dào rén
将会有飞翼！如果我们做不到，将来总有人能做到，人
lèi yí dìng néng fēi qi lai de
类一定能飞起来的！”

dá fēn qí de fēi xíng qì shǐ zhōng méi néng chéng gōng dàn tā duì rén lèi de
达·芬奇的飞行器始终没能成功，但他对人类的
fēi xíng shì yè zuò le xǔ duō yǒu yì de tàn suǒ zhèng rú tā suǒ yù yán hòu lái rén
飞行事业作了许多有益的探索。正如他所预言，后来人
lèi zhǎng wò le fēi xíng de mì mì kě yǐ zài tiān kōng zhōng lái qù le
类掌握了飞行的秘密，可以在天空中来去了。

7.《最后的晚餐》

达·芬奇习惯在餐厅的墙壁上作画。他画了许多年，终于完成了一幅世界名作。

达·芬奇只知埋头苦干，从不在莫罗大公面前溜须拍马，莫罗大公越来越不愿意召见他了。有时宫廷找人作画，莫罗找来的都是一些低劣的画师，给的价钱却很高。达·芬奇曾经为大公夫人画过《岩间圣母》和《抚貂女人》，后来很长一段时间没有活干，收入很低，而且莫罗还长期拖欠他的薪水。他写信给莫罗：“殿下，您不再给我定件，使我深感苦恼，但愿您能想起我微不足道的服务。我还得提醒一下，您已有3年未支付薪水了。目前我的手头很紧，以至于有些研究无法进行。”

莫罗大公读了信，想到达·芬奇为他做了那么多事，心里不免有点惭愧。于是，他给了达·芬奇一项新任务，这个任务使达·芬奇得以名垂青史。

他让达·芬奇在教堂餐厅的墙壁上画一幅大型壁画——《最后的晚餐》，并预付了一部分报酬。

于是达·芬奇又投入紧张的绘画工作中。他已经很久没正式作画了。来到米兰后，他第一幅引起反响的画是《岩间圣母》，往后是《抚貂夫人》，画成后皆轰动一时。当时，莫罗大公在夫人的催促下给了他大量赏钱。但他的心情很平静，并不怎么兴奋，因为那两幅画都是以大公夫人为模特，他总感到她的形象中有莫罗大公的影子。

按照《新约》的传说，耶稣和12个门徒举行最后一次晚餐，饭桌上，耶稣对门徒说，“你们当中有一人将要出卖我。”说完便无可奈何地把手放在桌上，沉默了。以往的画家安排画中人物时，往往把其中十一个门徒排在桌子的一边，而把叛徒犹大隔开，单独安排在桌子的另一边。

但达·芬奇放弃了这种构思，他让十二个门徒对称地坐在耶稣两边，叛徒犹大隐藏在其中。当他们听到耶稣的话，每个人都表现出截然不同的表情。把各人的性格表现出来，这可不是一件容易的事。

每天太阳刚出，达·芬奇就起床，离开家到教堂的餐厅去工作到天黑。他全神贯注地工作，废寝忘食。然后，在一两个星期内，他也许不再动一下笔，但他每天都要在画前的木架上

站两三个钟头，思考他所画的东西。有好多次，在中午最热的时候，他把一件开始了的工作推到一边，急急忙忙穿过寂静的街道，奔向教堂，爬上木架，只画两三笔，又走开了。

他同时做着许多事，一件还没做完，又要开始新的工作。《最后的晚餐》中每个人的身体都已画好，但头像迟迟没能完成。有次眼看一个门徒的头快画完了，他却停下来，跑去和小徒弟雅可波一道观察黄蜂和苍蝇的飞行。当他发现苍蝇是拿后腿作舵用时，高兴得几乎发狂。他对徒弟说，这个发现，对于做飞行器是很有用的。

徒弟忍不住对他说：“师父，你赶紧把那个头画完吧，不然又得拖下去。”

达·芬奇头也不回地说，“那个头跑不掉的，以后还有工夫。”然后继续研究苍蝇腿。

这幅画用了几年还没画完，教堂的头儿对此很不满，常向莫罗发牢骚，说他看不惯达·芬奇成年累月地在餐厅里像木头人一样站着。于是莫罗就把达·芬奇请去问其中的原因：“这幅画怎么还没完成那，是不是画不出来了？”

“就是由于缺少叛徒犹大的头像模特儿，才耽误了我的创作。不过，我打算拿他的头来做犹大脑袋的模特儿。”达·芬奇指了指那个告状的头儿说。

“别，别，我不是那个意思……”教堂的头儿慌忙说道。从那以后，他再也不敢告达·芬奇的状了，甚至见了达·芬奇就躲得远远的，免得被拿去做叛徒犹大的头像模特儿，那可是要遗臭万年的啊。

后来，犹大的脑袋终于画好了，他的脸色是阴暗的，而其他门徒的面孔则被明媚的阳光照耀着；他的手紧握着钱包，紧张地等待着。由于紧张，还碰翻了桌上的盐罐。达·芬奇曾经说过：“灵魂应该通过手势和动作来体现。”犹大的动作充分暴露了他的内心有不可告人的秘密。

这幅留名后世的巨作完成后一年，就差点遭受了灭顶之灾。

那是1499年，也就是达·芬奇在米兰广场上的巨型塑像被毁掉的那一年，法国人在攻城期间，城里的运河被人挖开了，河水泛滥。有个人跑到达·芬奇的住处，大声说道：

"达·芬奇先生，不得了了，教堂被水淹了，您快去看看您那幅画怎么样了。"

"我没工夫去，再说，图画在墙壁上，水不会淹那么高吧？"达·芬奇不紧不慢地回答。

那人听后只好回去了，他刚走，达·芬奇就急忙赶到教堂餐厅，查看那幅耗费了他多年心血的画。

教堂餐厅里还有一些积水，有潮湿的气味，工作人员告诉他，水曾涨到好几公分高。达·芬奇走到墙边，看见图画的颜色还是鲜明的。这种颜料跟其他画家用的不同，是他自己发明的，这种颜料的缺点是在潮湿的地方不能持久。他拿出放大镜，仔细地审察画

面。忽然，他发现底下有一条小小的裂缝，旁边生了一片霉斑，像白霜一样。

达·芬奇的心情一下沉重了，看来，《最后的晚餐》的命运注定了，这些颜料最多还可以支撑五十年，这里的潮湿正在逐步侵蚀他最伟大的作品。

巨型塑像被毁掉了，《最后的晚餐》也不能长久保存，而且他的飞行器也没能飞起来，达·芬奇觉得自己所干的一切都好像是一场空，他拖着沉重的步子回家了。离开餐厅之前，他最后看了一眼《最后的晚餐》，他忽然感到自己是多么舍不得离开它。

达·芬奇不知道的是，这幅画后来虽然历经了多次磨难，受到了很大的损坏，但经过专家的多次修复，终于得以保存，成为世界绘画艺术中的瑰宝。

liàn jīn shù shì
8．炼金术士

liàn jīn shù shì shēng chēng néng jiāng qiān biàn chéng jīn zi dá fēn qí kàn chuān le tā de mì mì dàn bìng bù dǎ suan gào su bié ren

炼金术士声称能将铅变成金子，达·芬奇看穿了他的秘密，但并不打算告诉别人。

yì tiān mò luó dà gōng pài rén tōng zhī dá fēn qí dào liàn jīn shù shì jiā lì wū tuō de wū li guān kàn tā zuò de wěi dà shí yàn bǎ qiān biàn chéng jīn zi

一天，莫罗大公派人通知达·芬奇到炼金术士嘉力乌托的屋里，观看他做的伟大实验：把铅变成金子。

炼金术是欧洲一种古老的传统。由于科学水平的限制，人们以为可以采取某些办法，将一些价格低廉的金属，如铅、铁之类，提炼成贵重的金属，如黄金、白银。

嘉力乌托曾经花了15年时间寻找生产水银的方法。他从各种材料里提炼水银，比如从食盐和各种金属里、从人类的血液里、从胆汁和头发里，结果全都失败了。他花光了父亲留给他的财产，然后向别人借了很多钱，被债主们送进监狱。以后的8年中，他又想从鸡蛋中提炼金子，足足消耗了两万颗鸡蛋也没能成功。他游遍世界，最后受莫罗大公的聘请，成了他的宫廷炼金术士。

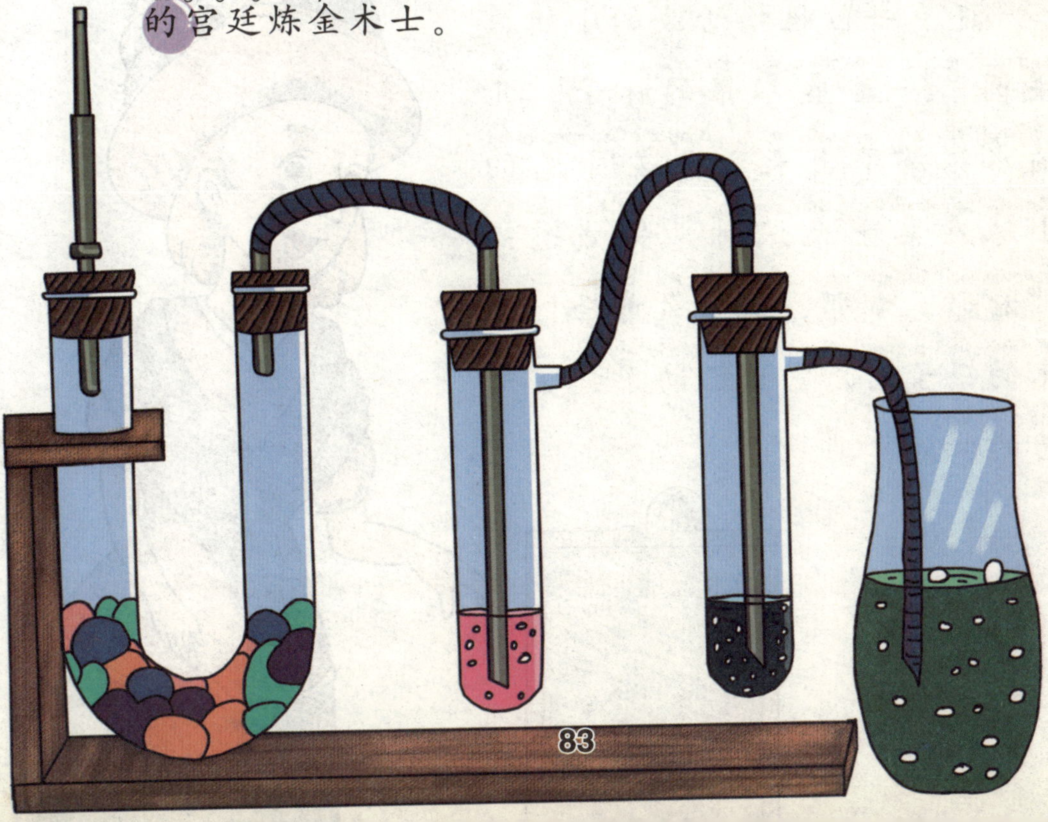

莫罗大公带着达·芬奇等人来到嘉力乌托的实验室。实验室中央立着一个笨重的火炉，旁边的工作台上摆满了各种复杂的器具，还有一些稀奇古怪的东西，其中最宝贵的是一滴狮子血，这可是经过好多年的努力才得到的。据说这血不仅可以医治疾病，而且能让人保持青春。现在，它正在一个精致的玻璃瓶里放着红光，像一颗红宝石。

一些小姐、太太也来了，实验室里立刻满是香味。一位太太的袖子扫到了一个玻璃蒸馏器，把它碰到地上打碎了。嘉力乌托和颜悦色地说："没关系，太太。我来捡起碎片，免得伤了你的脚。"

还有一位性格活泼的小姐，碰倒了一盏盛水银的杯子，几滴水银泼了出来。当这闪光的小球在桌上乱滚时，她喊道："看那，看那，这多么奇怪！液体的银子啊，它自己动了，它是活的啦。"

“听说，铅变金子时，我们可以看见火焰里的魔鬼，这是真的吗？”有个小姐天真地问。

这时，嘉力乌托悄悄地来到达·芬奇身边，凑近他的耳朵说：“先生，你能来看我做实验，我真的很开心……”他用力握着达·芬奇的手。达·芬奇正要回答，但他又说了，“哦，当然，这件事在别人看来是了不起的，但是我们两人是相互了解的，对吧？”他向达·芬奇微笑着，好像在恳求他什么一样。

“各位，我现在就来做这非同凡响的实验，请你们留心观看。”他转过身，非常客气地对人们说道。

为了不让其他人怀疑这个实验，嘉力乌托拿出炼金

用的锅给人看。他请人仔细地检查了这锅，用手指去摸一摸，敲一敲，让人们相信这锅里没有什么机关。同时他又说，有些骗人的炼金术士用的是一种有夹层的锅，把金子放在夹层里，等上面一层被高温烧破后，金子便露出来了。

他还把凡是有可能隐藏金子的铅、炭、风箱、搅拌用的棍棒都拿来给人仔细检查。

终于开始炼金了，嘉力乌托把铅切成小块，丢进锅，助手拉动风箱，木炭熊熊燃烧。等铅水沸腾，他拿出一个蓝色小纸包，小心翼翼地打开，里面是一种黄色的粉粒，这就是炼金术士秘密的丹药——将铅变成金子的无价之宝。他用刀尖挑出一点点，丢进沸腾

的锅里。

嘉力乌托用棍棒搅拌了几下，将锅盖盖上，坐在一旁等着。十几分钟后，他揭开锅盖，用一支细长的铁棒伸进那沸腾的锅里，再拿出来。这时，大家都看见棒端悬着一滴黄色的液体。

“成功了！”炼金术士得意地宣布。

他把锅从火炉上拿开，用水让它冷却，再把它打破，“当啷”一声，一块闪着黄澄澄的光的金子落到了地上。

除了达·芬奇外，满屋子的人都吃惊地张大了嘴。他们激动得脸庞通红，轮流拿着那块金子在试金

石上检查，结果表明，这是一块最纯正的金子。

大家都围着嘉力乌托，祝贺他，跟他握手。

莫罗大公走过去，对他说："你愿意忠心替我办事吗？"

"我愿意多出几条生命，来为殿下服务。"炼金术士答道。

"但是，你要注意啊，嘉力乌托，不要让其他的王侯知道……"

"殿下，如果让别人知道了，你可以像处治一只癞

皮狗那样，把我吊起来。”炼金术士看了看莫罗大公，深深地鞠了一躬，说道：“只愿您再赏我……”

“什么，又要钱？要多少？”

“5千个金币。上帝可以替我作证，这是最后一次了。”

莫罗大公想了一会儿，说道：“只能给4千个金币，就这样吧。”

嘉力乌托脸上带着笑，送给每位客人一小块金子作为纪念。人们走了，只有达·芬奇还留在屋里没走，也

méi yào nà yì xiǎo kuài jīn zi
没要那一小块金子。

jiā lì wū tuō lái dào dá fēn qí miàn qián wèn tā dá fēn qí xiān
嘉力乌托来到达·芬奇面前，问他：“达·芬奇先
sheng nín jué de zhè ge shí yàn zěn yàng
生，您觉得这个实验怎样？”

jīn zi shì cáng zài gùn bàng li de dá fēn qí píng jìng de shuō dào
“金子是藏在棍棒里的。”达·芬奇平静地说道。

zài shén me gùn bàng li nín zhè huà shì shén me yì si
“在什么棍棒里？您这话是什么意思？”

jiù cáng zài nín ná lái jiǎo bàn qiān shuǐ de nà zhī gùn bàng li tā shì kōng
“就藏在您拿来搅拌铅水的那支棍棒里，它是空
xīn de wǒ shén me dōu kàn jian le
心的，我什么都看见了。”

nǐ men gāng cái bú shì jiǎn chá guò nà ge gùn bàng le ma
“你们刚才不是检查过那个棍棒了吗？”

bú shì de nà shì lìng wài yì zhī nín bǎ tā huàn le
“不是的，那是另外一支，您把它换了……”
dá fēn qí xiào zhe shuō wǒ duì nín shuō guò wǒ shén me dōu kàn jian le jiā
达·芬奇笑着说，“我对您说过，我什么都看见了。嘉

力乌托，金子是在空心的棍棒里藏着。当棍子在锅里搅拌，顶端木头烧焦的时候，金子就掉进锅里了。”

炼金术士的身体抖起来，他看着达·芬奇，像被人当场抓住的小偷露出可怜的神情。达·芬奇把手放在他的肩膀上，“不要害怕！别人不会知道的，我不会说出去的。”

“您果真不会说出去吗？”嘉力乌托死死地抓住达·芬奇的手。

“是的，我不愿意害您吃苦，但您为什么要做这种事？”

“噢，达·芬奇先生，”嘉力乌托一下子又来了精神，“今天这件事情，表面上好像是骗局，但实际

上，我只是为了一个目的，那就是科学。因为我已经发现了将铅变成金子的秘密了，但还没最后找到它，我已经知道了正确的道路。您也明白，在科学上，只有正确的道路才是主要的。只要再做三四次实验，我就可以达到目的了。眼下……我不这样做又能怎么办呢？达·芬奇先生，为了发现那最伟大的真理，撒个小谎也没什么……”

“算了，嘉力乌托先生，别跟我玩捉迷藏的游戏

了，您跟我一样明白，什么金属转变都是胡说，炼金术、巫术，以及其他不是立足于精确实验和数学考察的一切学科，不是欺骗，便是发疯。”

达·芬奇说完就出去了，留下垂头丧气的炼金术士。他揭穿了炼金术士的骗局，但并不打算告诉别人，因为他不愿意莫罗大公因此对炼金术士进行可怕的惩罚。他从来就是心地善良的人。

9. 小徒弟雅可波

达·芬奇从大街上捡来一个很捣蛋的流浪儿，别的徒弟都要赶他走，达·芬奇却很维护他。

达·芬奇的工场里有好几个徒弟，大都是贫苦人家的孩子。其中有个叫雅可波的，还是达·芬奇从大街上捡来的流浪儿。

1490年的一天，达·芬奇把一个浑身脏兮兮的、瘦得像猴子似的小男孩领回家，给他洗澡、做饭，又问他

愿不愿意回到大街上，小男孩连连摇头。从此，他就留在达·芬奇的工场当了小徒弟，这一年他才10岁。

这个小男孩就是雅可波，他不知道自己的父母是谁，也记不清自己是什么时候成为流浪儿的。他性子很野，怎么也坐不住。达·芬奇想让他跟着自己在工场里做点事儿，可他还是成天在外晃荡，有时连饭也忘了回来吃。

一天，达·芬奇正在屋子里搞研究，听见门外有吵闹声。过

了一会儿，门被撞开了，达·芬奇最忠实的徒弟马可揪着雅可波的耳朵进来了。他一边打，一边骂着：“上帝会惩罚你的，我要扯下你的耳朵！”

“你为什么要骂他？”达·芬奇问道。

“师父，你一定要惩罚他。他偷了两颗银扣子，都是值十块钱的。一颗他已经换了钱，拿去跟人赌博输光了；另一颗他缝在衣服的夹缝里，刚才被我找出来了。我正要抓住他，他却咬我的手！”

马可说着，又气愤地去抓雅可波的头发。

“松手，松手……”达·芬奇赶紧劝住了马可，把雅可波拉到自己怀里。

“钥匙在这里，师父，我可受够了。”马可是替达·芬奇管账本的，他从兜里掏出一把钥匙嚷道，“我再也不愿同懒

虫小偷合住一间屋子。今天不是他滚蛋，就是我离开这里。”

“你消消气，马可，消消气嘛，我会照规矩惩罚他的。”达·芬奇温和地劝道。

听到吵闹声，其他的徒弟也都跑来看热闹。这时一个女人从人群中挤过来，指着雅可波大声叫嚷起来：“嗨，这小鬼头是改不过来了，什么坏事他都干得出来。最近那只生病的看家狗被打断了腿，猜猜是谁干的？就是他。还有，马厩上的燕子窝也是他拆的。

大家都知道，他最爱做的就是把蝴蝶的翅膀扯下来，看它的痛苦来取乐。”这个女人是达·芬奇工场的厨娘，雅可波常从她那儿偷东西吃。

旁边一个徒弟也说：“是啊，师父，他什么事都不干，只知道捣乱。当初您为什么要收留他呢？真是让人难以理解。”

雅可波躲在达·芬奇身后，不肯离开一步，一双惊恐的眼睛盯着周围的人，然后又仰头望着达·芬奇，眼神里充满了乞求。他脸色苍白，瘦小的身体还在轻轻颤抖。

厨娘还在骂着，要达·芬奇狠狠地揍雅可波一顿，不然他会闹得大家不得安宁。

“不要闹，不要闹，看在上帝的面子闭上你们的嘴吧。”达·芬奇劝着大家，他当然不会动手揍雅可波。大家闹了一会儿，渐渐散去了。

几天后的一个早晨，达·芬奇正在院子里的水井旁洗脸，雅可波不知从什么地方钻了出来，手里还捧着一个自己用树皮做成的盒子。

“达·芬奇先生，”雅可波怯生生地说，“我有件东西送您。”

他小心地揭开盒盖，达·芬奇一看，一只大蜘蛛正蹲在盒子里。

“我好不容易才抓住它，”雅可波说，“它爬进石头缝了，在那里躲了三天。它可能是有毒的。”

看见达·芬奇对这个蜘蛛有些兴趣，雅可波又抓了只苍蝇放进去。蜘蛛一见便冲了上来，用它的毛腿缠住苍蝇，苍蝇挣扎着扇动着翅膀，慢慢地不动弹了。

“看，它吃苍蝇的样子多有趣，您看！”

达·芬奇也蹲下身子观察，他想起自己小时候也曾兴致勃勃地观察过蜘蛛吃苍蝇的情景，对这种残忍的事情，他有一种观察和了解的兴趣。他曾经对徒弟们说：“每逢人笑或哭、恨或爱、惊恐地转变脸色和痛苦地叫喊时，你应当平心静气地去观察。你要看、要学、要研究，为的是认识人类感情的各种表现。”

苍蝇被蜘蛛吃了，雅可波小心地盖上盒子，说道：“师父，我拿去搁在您的桌子上。它和别的蜘蛛打架时，比这还要好玩呢。”可是他并没有挪动脚步，他看着师父，眼里又露出了乞求的神色。他的嘴角抽动着，终于他又低声地说：“师父，请您不要恼恨我，

我想好了，愿意离开这里。不过，不是为了别人，而是为了您。我知道，我在这儿连累了您。只有您是好人，别人都是坏人，跟我一样坏，他们还会装样子，我是不会的。我走了，我还是一个人去生活吧。可是，师父，我请您宽恕我……”

雅可波的眼眶里闪着泪光，他垂下头，声音更低了：“请宽恕我以往给您带来的麻烦，师父。这个盒子，您留下当作纪念，这蜘蛛可以活得很久的。”

达·芬奇把手放到雅可波的头上，怜悯地说：“你要到哪里去呢，孩子？你还记得吗，那年

我把你从街上捡回来时，你已经饿了好几天了。还是住在这里吧！马可会宽恕你的，我也不会恼恨你。去吧，这个蜘蛛你拿去玩吧。以后小心一点，不要再做什么坏事了。”

雅可波望着达·芬奇，不吭一声，达·芬奇又摸了摸他的头，转身朝自己的实验室走去。

就这样，雅可波又留下来了。从此，他比以前懂事多了，不再偷东西，也很少惹大家生气，还帮达·芬奇做了不少事。

一天，达·芬奇正在工场画一幅圣母像，雅可波忽然跑了进来，他跳着、拍着手喊道：“师父，赶紧到厨房去吧，我给你引了两个人儿来，你一定会高兴的。”

达·芬奇来到厨房一看，两个老头子正神气地并排坐在板凳上，两兄弟长得都很胖，脖子上还吊着个大肉瘤，这种病在边远山区是常有的。雅可波悄声对达·芬奇说：“他们是从很远的地方来的，是叫花子。我对他们说，只要肯让您画像，就可以得到一顿晚饭吃。怎么样，他们会中您的意吧。”

达·芬奇坐在这两人中间，叫人拿酒来给他们喝，拿饭菜给他们吃，和颜悦色地和他们说话，还讲笑话给他们听。然后，他就拿笔给他们画像。

1499年，法国人攻进米兰，达·芬奇决定返回佛罗伦萨，雅可波没有跟着去，因为他不愿离开自己的家乡。他最终又回到了大街上，他在达·芬奇身上学到了许多宝贵的品质。

chóng guī gù lǐ
10.重归故里

mǐ lán fā shēng le zhàn zhēng dá fēn qí zhǔn bèi fǎn huí gù xiāng zài mǐ
米兰发生了战争，达·芬奇准备返回故乡。在米
lán jiāo wài péng you jiā duǒ bì pào huǒ qī jiān tā gēn péng you de xiǎo ér zi chéng le
兰郊外朋友家躲避炮火期间，他跟朋友的小儿子成了
péng you
朋友。

cóng nián lí kāi fó luó lún sà lái dào mǐ lán dá fēn
从1482年离开佛罗伦萨来到米兰，达·芬
qí yǐ jīng zài zhè li shēng huó hé gōng zuò le nián tā
奇已经在这里生活和工作了16年，他
de shēngwàng dá dào le dǐng diǎn
的声望达到了顶点。

nián mǐ lán fā shēng wēn yì xǔ duō
1484年米兰发生瘟疫，许多
rén rǎn bìng shēn wáng dá fēn qí tí chū xiū dì xià
人染病身亡，达·芬奇提出修地下
shuǐ dào yǐ cǐ lái jìng huà shí yòng shuǐ zài cǐ qī
水道，以此来净化食用水。在此期
jiān tā hái wán chéng le míng huà fǔ diāo nǚ rén
间，他还完成了名画《抚貂女人》。

tā shè jì le dà liàng de gōng tíng fú zhuāng
他设计了大量的宫廷服装，
rú mò luó dà gōng de jié hūn lǐ fú jí qí tā
如莫罗大公的结婚礼服及其他
zhuāng shì pǐn tā hái chuàng zuò le yóu
装饰品。他还创作了油
huà yīn yuè jiā xiàng nǚ
画《音乐家像》《女
shēng xiào xiàng bǔ rǔ shèng
生肖像》《哺乳圣
mǔ děng
母》等。

在这期间，他系统研究了解剖学、光影学、透视学，还写下了不少关于透视学、画家守则和人体运动方面的笔记。其中最辉煌的艺术成就是壁画《最后的晚餐》。

虽然他在艺术领域的声望越来越高，但是他却越来越穷。这是由于政局恶化，莫罗大公忙着准备和法国人打仗，开支很大，就断了他的供给。达·芬奇的花销不小，他的徒弟们要吃饭穿衣，作画还要购买许

多材料，除此外，他还有一些在别人看来稀奇古怪的开支。

比如，为了研究人体结构，他常常花钱买通刽子手，从绞刑架上偷来死尸，作人体解剖；为了研究动物的生活习性，他就在院子里养了许多种动物，癞蛤蟆、鱼虾，甚至还有长颈鹿，它们都需要买饲料喂养；有时，达·芬奇在市场上看见有人卖鸟，还会毫不犹豫地买下来，把鸟儿放回天空。

1498年年底，达·芬奇因为饥寒所迫，给莫罗大公写了一封信：

“大公，有两年时间，我没有领到一分钱薪水，而其他为您服务的人大都有外快可赚。现在我的艺术可能被迫放弃……我心里很难过，为了赚钱维持我的衣食、维持我徒弟们的生活，不得不去从事一些与艺术不相干的工作……”

莫罗大公迟迟不回信，达·芬奇只好硬撑着。虽然很贫穷，他仍旧保持着快乐的心态，有时还会像顽童一样搞恶作剧。一天晚上，徒弟们结束了工作，正在自己的屋子里休息。突然，听见厨娘大声哭喊：“火！火！救命啊！屋子失火了！”

几个徒弟赶紧来到起火的工场，吓了一大跳。只见

wū li mǎn shì nóng yān shī fu zhèng zhàn zài
屋里满是浓烟，师父正站在
nóng yān zhōng jiān shēn páng shǎn yào zhe lán sè
浓烟中间，身旁闪耀着蓝色
de huǒ yàn kàn jian chú niáng hé mǎ kě de yàng
的火焰。看见厨娘和马可的样
zi tā kāi xīn de xiào le yuán lái chú
子，他开心地笑了。原来，厨
niáng xià de liǎn sè tiě qīng liǎng shǒu zài kōng
娘吓得脸色铁青，两手在空
zhōng luàn wǔ mǎ kě zé tí zhe liǎng dà tǒng
中乱舞；马可则提着两大桶
shuǐ qì chuǎn xū xū de gǎn lái yào bǎ shuǐ
水，气喘吁吁地赶来，要把水
cháo zhuō zi shang pō shī fu lián máng zǔ zhǐ
朝桌子上泼。师父连忙阻止
le tā zhuō zi shang quán shì huà hé shǒu chāo
了他，桌子上全是画和手抄
běn nà kě shì bǎo bèi
本，那可是宝贝。

达·芬奇笑着解释说，这是玩笑，浓烟都是从一个锅里出来的，是用一种白粉造成的，这是达·芬奇专为造成火灾假象而发明的。

到了1499年3月初，莫罗大公出人意料地支付给达·芬奇拖欠了两年的薪水，还赐给他一座葡萄园。据说，法国人马上就要打来了，莫罗大公准备

逃跑。为了让臣民在逃亡期间能忠实于他，他降低了租税、还清了欠款，而且给手下送了很多礼品。

果然，法国人打来了，莫罗大公悄悄溜出米兰城，法国军队轻而易举地占领了米兰。米兰人在法国人的铁蹄下痛苦的呻吟，各种艺术作品也遭到了破坏。

过了一段时间，莫罗大公在国外集结了一支军队，

要收复米兰。“隆隆”的炮火又一次出现在米兰城的上空，情况越来越糟糕了。达·芬奇知道自己将要离开米兰，但什么时候走心中还没底。他和徒弟们都转移到了地下室。攻城的人动用青铜巨炮来轰击米兰，城市里到处都是熊熊大火，人们漫无目的地跑来跑去。达·芬奇的工作很难进行，决定到离米兰不远的朋友家去住上一段日子。

1500年2月3日，达·芬奇离开炮声震天的米兰，动身前往他的朋友麦尔齐家。麦尔齐以前也在莫罗大

公手下做事，几年前，妻子生病去世，他就带着儿子弗朗西斯科回到乡下的别墅，安安静静地生活着。对达·芬奇的到来，他表示非常欢迎，他们时常在一起讨论科学和艺术方面的问题。

在成年人面前，达·芬奇常常是默默无言的，但他很喜欢和小孩子交流，他记得耶稣的话："我告诉你们，你们若不回转成小孩子的样子，就进不了天国。"麦尔齐8岁的小儿子弗朗西斯科是个像小姑娘一样腼腆的男孩子，但他很快同达·芬奇成了好朋友。

弗朗西斯科喜欢达·芬奇的种种科学仪器，把它看作是好玩的魔术玩具。他最喜欢的是达·芬奇发明的"晴雨计"，他自己也照着做了一个，也很管用，大人们都很吃惊，他十分高兴。

弗朗西斯科在学校不爱学习。老师教的总是那些枯燥的拉丁文，翻来覆去地背诵，真叫人头痛。相反，他和达·芬奇可以从早到晚谈个不停。达·芬奇告诉他天上的星星是怎么回事，告诉他如何从一棵砍倒的树来计算这棵树的年龄，让他认识大自然中的种种奇妙之处。在他身边，弗朗西斯科总是快活的。

一天，弗朗西斯科和达·芬奇来到一个小山坡上，从这里可以看见远处的米兰城，那里在闪光，还升起阵阵烟云，也许是大炮在发射。弗朗西斯科问道："达·芬奇先生，听父亲说，您不久就会离开我们，这是真的吗？"

"是的，我恐怕得回佛罗伦萨了。"达·芬奇沉思着，低声地回答。

"那以后我们就再也不能见面了？"

"为什么不能呢？我有空的话，就会来探望你们。"

忽然，他一把抱住了达·芬奇，央求道：“达·芬奇先生，您带我一起去吧，好不好？”

达·芬奇没有说话，只是抚摸着他的头，沉默了很久。弗朗西斯科又说：“您不要我？达·芬奇先生，我可以做您的徒弟，我替您洗衣服、打扫房子、喂马，您让我做什么都可以。达·芬奇先生，您带我一起走吧。”

弗朗西斯科苦苦地央求着，眼里溢出了泪珠。达·芬奇终于开口了：“孩子，你现在还小，你爸爸也不会让你走的。等你长大后，你要是愿意，我就收你做我的徒弟，好吗？”

“您答应了？那在什么时候？”

“就在七八年以后，等你长到15岁。”

弗朗西斯科听后，点点头笑了。后来，他果然成了达·芬奇最后一个徒弟，一直陪伴达·芬奇走完生命中最后的路程。

从米兰城传来消息，莫罗大公败在法国人手里，

成了俘虏。法国人把他装在笼子里，像运野兽一样运到法国了，再也没回来。

是该动身了，达·芬奇带着徒弟离开米兰，回到了阔别16年的故乡佛罗伦萨。

11.《蒙娜丽莎》

达·芬奇回到佛罗伦萨后，为银行家夫人蒙娜丽莎画肖像，对她产生了一种特殊的爱恋，但直到她去世，他都没有表露自己的感情。

回到佛罗伦萨后，达·芬奇开了画室，很快就接了几件订货。

一天，达·芬奇接到佛罗伦萨著名银行家佐贡多的邀请，到他家为他的夫人画像。

佐贡多先生年约45，但人看上去很有精神。他礼貌地接待了达·芬奇，然后叫他的夫人蒙娜丽莎出来和达·芬奇见面。

当美丽的夫人走进客厅时，连见多识广的达·芬奇也暗暗吃惊。她穿着一件华美的连衣裙，卷曲的长发披散在双肩上，有一种清水出芙蓉的韵味。她的脖子上、手上挂着一些贵重的宝石，显得雍容华贵。她腼腆地向画家走来，报以礼节性的微笑，这一瞬间被达·芬奇捕捉到了，这种微笑正是他一直在寻找的微笑。

“以后请您到这里来为她画像吧！”银行家说。他结过三次婚，前两位夫人都在结婚后不久去世了，第三次才娶了比他小十多岁的丽莎小姐，他一直以年轻的美妻为荣。

“我可以为她画像，但不能在这里。要画肖像，必须有专门的画室，还是到我的画室去吧。”达·芬奇说。

从此，蒙娜丽莎常常在女仆的陪同下来到达·芬奇的画室，让他画肖像。为了避免她在画像时感觉无聊，达·芬奇请来乐师、歌手、说书人和小丑为她表演，使她长久地保持笑容。

达·芬奇细致而耐心地画着，3年过去了，还没有画完。到了后来，达·芬奇和蒙娜丽莎之间似乎有了

一种微妙的联系，她的脸上最微细的变化，都逃不过达·芬奇的眼睛。

一个晴朗的日子，蒙娜丽莎坐在达·芬奇面前，略低着头，抚摸着她心爱的白猫，那纤细的手指在柔软的皮毛映衬下，显得格外温柔。达·芬奇拿起画笔开始工作，突然，他停住了。

“夫人，”他问，“您今天有哪里不舒服吗？”

丽莎夫人抬起头，安静地看着达·芬奇，“是的，有一点儿，女儿生病了，我整夜没有睡觉。”她说的女儿并不是自己亲生的，而是丈夫前妻的女儿。

“您今天也许疲倦了，这样坐着是很累的，我们今天不画了吧？”

“不，不要紧，这样好的天气，不画的话，您会难过的。”她望着达·芬奇，脸上带着一丝理解。

达·芬奇点点头，又拿起了画笔。长期以来，两人中间，无须说一句话，只需示意一下，便能相互了解。

“讲个故事给我听吧！”丽莎夫人请求道。她不再需要达·芬奇为她请什么歌手和小丑，就喜欢听他讲故事，尤其喜欢听他讲自己的回忆、游历、自然观察，以及绘画计划等。他常常用简单易懂的语言，配着轻轻的音乐，将这些故事讲给她听。

达·芬奇轻轻地讲着，丽莎夫人那双明亮的眼睛望着他，好像脱离了现实，来到一个美丽的神话世界。那种神秘的微笑不知不觉又浮现在她的脸上，这是一种完全透明的、非常深沉的，任何人都不能探究得明白的静水般的微笑。达·芬奇抓住时机，全神贯注地画着……

dá fēn qí duì lì shā fū ren chǎn shēng le yì zhǒng tè bié de ài
达·芬奇对丽莎夫人产生了一种特别的爱
liàn zhè zhǒng ài jì bú shì dāng shí liú xíng de bó lā tú shì de jīng shén
恋，这种爱，既不是当时流行的柏拉图式的精神
liàn ài yě bú shì shēng huó zhōng cháng jiàn de nà zhǒng nán nǚ zhī ài tā
恋爱，也不是生活中常见的那种男女之爱。他
yǐ suì chū tóu le zài zhè zhī qián tā cóng wèi duì yí ge nǚ rén chǎn
已50岁出头了，在这之前，他从未对一个女人产
shēng liàn ài de gǎn jué tā de quán bù jīng lì dōu tóu rù dào le kē xué hé
生恋爱的感觉，他的全部精力都投入到了科学和
yì shù dāng zhōng
艺术当中。

达·芬奇看得出来，丽莎夫人不仅想成为他肖像画上的主人公，还想成为他生活中的朋友。但她是别人的妻子，而自己的年龄又比她大许多。他克制着自己的感情，仅仅以一个画师的身份出现在她面前。

这时候，达·芬奇接到宫廷传来的一个通知，让他离开佛罗伦萨，去管理正在紧张修建的运河。这是一件十分重要的事，必须马上出发。达·芬奇知道自己将要暂时离开丽莎夫人，心情难以平静，明天就是最后一次为丽莎夫人画像了，他觉得自己竟有些舍不得离开她了。

第二天是个好天气，丽莎夫人准时来到画室。但和往常不一样的是，这次她是一个人来的，没有带女仆，她那明亮的眼睛，此时像有一丝水雾在幽幽地飘着。

画室中只有他们两人。

达·芬奇认真地画着，丽莎夫人带着微笑，直盯着他的眼睛，这也是以前没有过的。突然，他发现丽莎夫人脸上闪过一种奇异的阴影，就好像人在镜面上吹气所留下的痕迹一般。他停下来问：“怎么啦？”

她过了很久才反问："您要到运河去，明天就动身吗？"

"不，今天夜里就得走。"

"噢，我马上也要离开这里了。"她说。

达·芬奇看着她的眼睛，明白了，她之所以要离开佛罗伦萨，是因为知道了他要离开。

"佐贡多先生因为生意上的事情，要到外地去住三个月，我让他带我去，秋天才回来。"她解释说。

"好吧，"达·芬奇放下画笔，说道："三个月后，我再来画。"

“不，经过三个月，我也许完全改变了，甚至您都会认不得我了。您说过，人的面貌，尤其是女人的面貌，改变得很快。所以，您不如今天就完成这幅肖像。”

达·芬奇久久地看着丽莎夫人说不出话。他们都有一种预感，这次分别将是永久的，他和丽莎夫人将来唯一的联系就是眼下这幅肖像了。

“是时候了，再见，达·芬奇先生。”丽莎夫人站了起来，伸手给他，他接过来，小心地吻着，自从他们认识以来，这是她第一次让他吻她的手。这一瞬间，她

也迅速地低下头，轻吻了一下他的头发。

“上帝保佑您！”她轻声说道。

达·芬奇来到运河工地，时时想着丽莎夫人，时时想着他俩共同完成的那幅不一般的画。他决定，只要再见到她，他一定把心中想过的那些话说给她听，他不会再像从前那样，总在她面前作出画师的样子，他要和她做永远的朋友。

秋天终于到了，达·芬奇回到了佛罗伦萨，想到马上能见到丽莎夫人，快乐就充满了他的心。他迫

不及待地要到丽莎夫人家里去。路上，他遇见了一个朋友，朋友叫住他，好奇地问："丽莎夫人的那幅肖像画，您画了3年，现在有人说画完了，有人说还没画完，到底怎么回事啊？"

"怎么了？"达·芬奇有些吃惊，心里涌起一股不祥的预感，"出什么事了吗？"

"噢，对了，您刚回来，也许还不知道呢，您那幅画的主人公——丽莎夫人，一个月前去世了……真不幸啊！"

此时，达·芬奇觉得整个世界在快速旋转，但他以超人的力量镇静下来，礼貌地和朋友告别。当天晚上，他打听到丽莎夫人在返回佛罗伦萨的途中经过一

个偏僻小镇的时候，生了疟疾去世了。

达·芬奇拖着沉重的步子走进画室，把蒙在肖像画上的黑布揭开，只见在画中微笑着的丽莎夫人就像活着一样动人，具有一种惊世骇俗的美。他不敢看了，赶紧把画像遮盖起来。他觉得，这是她在世上留下的最宝贵的东西，是她用生命换来的。

12. 浪迹天涯

达·芬奇居无定所，在饱尝孤独和寂寞的时候，弗朗西斯科的突然到来，给他带来了极大的安慰。

油画《蒙娜丽莎》的美打动了无数人的心，达·芬奇又一次在故乡获得了极大的声誉，但他的内心却藏着极大的痛苦。

这时，米兰人也在想念着他，经过法国总督的请求，佛罗伦萨执政官允许达·芬奇请几个月的假去米兰。

1506年的春天，达·芬奇又一次来到米兰。他带了一幅在佛罗伦萨画的《纺纱圣母》，画中是幼时的耶稣把小脚伸进提篮，他一边笑着，一边调皮地抓住纺锤，要把它从母亲手中拿去。这幅作品在米兰引起了轰动，达·芬奇接到了大量的订货。

达·芬奇几乎忙不过来了，连总督也请他为自己画肖像。几个月的假期很快就到了，总督写了一封信，派人送到佛罗伦萨，信上说：

我们还需要达·芬奇在这里工作一段时间，因此，请给达·芬奇无限期延长假期，使他能在米兰再停留一些时间。

佛罗伦萨的执政官看到这封信后，大发雷霆，骂达·芬奇是“米兰骗子”。

达·芬奇曾在米兰生活和工作了十多年，佛罗

伦萨有些官员对此很不满，说他对故乡缺乏爱恋。现在，更多的责骂声向达·芬奇飞来。

这种情况下，达·芬奇不能回佛罗伦萨，只好继续留在米兰。统治者总是把他当仆人一样，要他尽可能地为自己的利益服务，并且为此勾心斗角，这是达·芬奇晚年漂泊的主要原因。他的心情变得十分沉重。

这期间，他和数学家巴却里成为了好朋友，并为他的著作《神圣比例》编了最后一部分，且为这本书画了60多幅插图。

1512年冬天，达·芬奇忠实的弟子马可不幸去世了。他是在为穷人医治疟疾时被传染，死时才30岁。

他的死，让达·芬奇感觉更加孤独了。

冬天的夜，寒风怒吼，达·芬奇一个人坐在屋里，回想着往事。他想起了跟随他一生的马可，想到了死这个问题，想到了蒙娜丽莎夫人。他觉得，在老年的阴影开始笼罩他的生命时，将他和这个世界联系起来的所有线索都被无情的命运剪断了，他的孤独和寂寞在一天天增加，仿佛他已接近了无边的黑暗的边缘。

“砰砰”，有人敲门，他起身开了门。

一个陌生的少年走进屋，脸冻得通红，卷曲的金发上沾满了雪花，他的眼睛闪烁着温柔而活泼的光芒。

“达·芬奇先生，您不认得我了？”少年望着他，亲切地喊道。

达·芬奇仔细地打量着他，终于认出来了，这是他的小朋友弗朗西斯科。几年前他到朋友家躲避战火，曾和弗朗西斯科快乐地游玩，那时，他还是个8岁的小孩子。

达·芬奇带着父性的慈爱拥抱了弗朗西斯科，这个少年，像一缕明媚的阳光照进了达·芬奇那颗变得晦暗的心。

弗朗西斯科说，他的父亲因多年的重病，不久前去世了，他现在赶到达·芬奇这里来，是要兑现当初的诺言。

“什么诺言？”达·芬奇问道。

“啊，您忘记了？我可是一直记着的。我

们分别前，在一个山坡上，我要跟您走，您说我还小，让我8年后再来找您……”

“我想起来了，我想起来了！”达·芬奇兴奋地打断了他。

“那么，现在我来了，您也许不再需要我了。但我不会走的，即使您赶我，我也不会走。我不会给您添什么麻烦的，师父，无论您如何对待我，我都不会离开您。”弗朗西斯科说道。

“孩子！我的孩子！我不会赶你走的！”达·芬奇声音颤抖着，又一次抱住了他，此时，他觉得自己很幸福。

1513年9月，由于米兰的局势动荡不安，达·芬奇带着弟子从米兰动身前往罗马，结束了他的“第二米兰时期”。但罗马的情形也好不到哪儿去，如果不是弗朗西斯科继承了父亲的遗产，他可真要揭不开锅了。

第二年夏天，达·芬奇得了一场疟疾。他不让徒弟们去请医生，唯有弗朗西斯科在床前照顾他，竟使他的病好转。达·芬奇非常喜欢这个小徒弟，他觉得是上帝派了这个孩子给他，作他最后的朋友，作他的守护天使，安慰他无家可归的老年生活。

这时，罗马教皇向达·芬奇预订了一幅小画，他

却在想着研制一种永久性颜料。他的伟大作品《最后的晚餐》颜色逐渐变暗、发霉，这使他决心发明一种色彩鲜艳、持久的颜料。他和徒弟们全都投入到了这个工作，日夜不停地进行试验。

教皇有些等不及了，老是催促达·芬奇快些动手。达·芬奇生气了，回答说："要是再来催我，我只好离开罗马了。"

一天，教皇又派人催促达·芬奇作画。

来到画室，达·芬奇正在做化学实验，抬头问道："请问先生有何贵干？"

"奉教皇之命，来看画完成没有。"来人说道。

"先生，请您等一下，等我把这液体煮沸了再说。"

"你这是在干什么？我要的可是画！"来人有点生气了。

达·芬奇努力使自己镇静，说："我这是在用不同

的剂料进行实验，打算从中得到一种色泽光亮的透明的颜料。以前的颜料有个缺点，干燥时会改变颜色，会开裂。”

“那么，你什么时候开始作画呢？”

“我会画好的，请您不要再催促了。”

那人回去如实地报告了教皇，教皇不高兴地说道：“这个怪人永远做不成一件事情！他一心只想着结局，却永远不动手去做。从这个人身上，我们从来得不到什么好处。”

一些对达·芬奇心怀不满的人抓住教皇的这句话，在罗马城内四处传播，人们都以为，达·芬奇的

命运注定了，他再也没有翻身的机会了。一时间，大家像是约好了一样都不理他了。当然，还是有朋友悄悄地把教皇的话讲给达·芬奇听。

当天晚上，达·芬奇在笔记里这样写道：

忍耐对于被侮辱的人，就像衣服对于受冻的人。天气越寒冷，你就要穿多些，那时你就不会觉得冷了。同样，你受的侮辱越重，你就越要忍耐，那时侮辱就不会伤害你的灵魂。

这种忍耐精神，正是一个大科学家和大艺术家所必须具备的。

达·芬奇在罗马陷入困境时，法国国王给他发来了邀请信。法王带兵出其不意地攻下了米兰，要举行一个盛大的庆祝会，请达·芬奇去参加筹备工作。

qìng zhù huì jǔ xíng de nà tiān yì zhī wēi wǔ de jī qì shī zi chū xiàn zài dà
庆祝会举行的那天，一只威武的机器狮子出现在大
diàn shàng tā yí bù yí bù de zǒu zhe zǒu dào guó wáng miàn qián shí tū rán tíng le
殿上。它一步一步地走着，走到国王面前时突然停了
xià lai hòu jiǎo zhí lì qián tuǐ gāo gāo de yuè qǐ zhǐ tīng huā lā yì
下来，后脚直立，前腿高高地跃起。只听“哗啦”一
shēng tā de xiōng qián kāi le yí gè dòng yí shù xiān yàn de bǎi hé huā luò zài guó
声，它的胸前开了一个洞，一束鲜艳的百合花落在国
wáng miàn qián dùn shí quán chǎng zhǎng shēng léi míng qìng zhù huì dá dào le gāo cháo
王面前。顿时，全场掌声雷鸣，庆祝会达到了高潮。

zhè ge jī qì shī zi zhèng shì dá fēn qí zhì zào de zhī hòu dà jiē xiǎo
这个机器狮子正是达·芬奇制造的，之后大街小
xiàng dào chù dōu yǒu rén tán lùn dá fēn qí hé tā zhì zào de jī qì shī zi
巷到处都有人谈论达·芬奇和他制造的机器狮子。

13.最后的归宿

达·芬奇应法王的聘请，在一个小城堡度过了他的晚年。使他感到欣慰的是，直到他离世，《蒙娜丽莎》一直在自己身边。

法王决定聘请达·芬奇，给他700块金币的年薪，并拨了一个小城堡给他住，达·芬奇欣然接受了。1516年年初，他带着徒弟们离开米兰，前往法国，这一年，他已经64岁了。

达·芬奇的身体已经很虚弱了。每天下午，弗朗西斯科都会扶着师父出门，沿着幽静的小路走进树林深处，找一块石头让他坐下。弗朗西斯科则躺在草地上，读书给他听。在大自然的美景中，达·芬奇仍在不知疲倦地思考着人和自然，他说过：

人不是玩偶，大自然应该躺在他脚下。人本身就是大自然的一部分。人的生活，就是同大自然斗争，人需要做很多努力，才能成为大自然的主人。

其余的时间，他仍旧待在画室里，画那幅《施洗约翰》。他感到了生命的紧迫，抓紧时间作画。

一天，达·芬奇正在工作，突然听见窗外传来了

脚步声和说话声。他对弗朗西斯科说道：“不要放人进来，什么人都不许进来，听到了吗？你去告诉他们，我得病或者出门了。”

弗朗西斯科来到大门口，准备挡住那些不速之客，但他惊呆了，来人正是法王本人。他一见国王，恭恭敬敬地鞠了一躬，开门让他们进来了。

国王走进画室，达·芬奇也吃了一惊，差点来不及遮盖立在《施洗约翰》旁边的那幅画。以往每次有人来，他都仔细地把那幅画遮盖好，还没有其他人知道是什么画。

国王穿着一身华丽的衣服，达·芬奇要依照礼节下跪，国王伸手阻止了他，自己反而向达·芬奇鞠躬，还友好地拥抱了他一下。

“好久不见了，达·芬奇先生，您好，有什么新画吗？”国王问道。

“最近身体不好，还没有画完。”达·芬奇指着那幅约翰像说，同时伸出一只手试图把旁边那幅画推走。

“这是什么？”国王指着这幅画问。

“一幅旧画，没什么，陛下。”

“让我看看，您的画，每一幅都是好的。”

达·芬奇犹豫了，这时国王的随从走上前，把遮布揭开，露出蒙娜丽莎夫人的肖像。达·芬奇的眉头皱了起来。

“真神奇啊！”国王叫人拿过一把椅子坐下，盯着画看了半天，终于像从梦

中醒来一样问："这个女人真美，我恐怕还没见过这样美的女人，她是谁呀？"

"蒙娜丽莎夫人，佛罗伦萨人，她……已经去世了！"

"陛下，"旁边一个随从插话道，"听说达·芬奇先生的这幅画画了许多年，还没画好，至少他自己说还要继续画下去。"

"什么？还没画好？"国王吃了一惊，"还有什么没画的？她现在就跟活着一样，只差会说话了。"

国王又打量了一番，对达·芬奇说："《施洗约翰》和《蒙娜丽莎》，这两幅画我都要买，您开个价吧。"

"陛下，"达·芬奇小声说，"这两幅画确实都还没画完，等我……"

"不对，《施

洗约翰》还没画完，我可以等着，可这幅《蒙娜丽莎》，您再不要碰了，她已经很美了，我要马上带走，你只管开价，放心吧，我是不还价的。”国王大声说。

达·芬奇沉默着，《蒙娜丽莎》是他一生中最宝贵的作品，无论如何也不肯卖，可他怎样向国王解释呢？

国王以为达·芬奇不开口，是怕开出的价钱不合适，就自己开了个价钱：

“4000块金币！怎么样？达·芬奇先生，这些足够了吧？”

几个随从交头接耳，非常吃惊，在这以前，还没有人出这样高的价钱来买一幅画。

达·芬奇更加说不出话了，慌乱得几乎要给国王跪下，但国王却以为达·芬奇同意了，站起来就要走，并再一次拥抱了达·芬奇。

到了夜里，达·芬奇叫上弗朗西斯科，举着火把，匆匆赶往国王落脚的地方。他已经下定决心，不能让这幅画离开自己。

见到国王后，他直截了当地说道：“陛下，我请求您一件事，不要从我那里拿走《蒙娜丽莎》。我答应您，这幅画是您的，钱嘛，我不要，只请求您准许它再陪我一段时间吧，直到我死……”

“好吧，”国王沉默了很久，终于答应了达·芬奇的请求，“我理解您的心情，但您千万不要忘了，

这画已经属于我了，您只是暂时替我保存而已，钱嘛，我还得给，您随时可以拿去。”

留住了《蒙娜丽莎》，达·芬奇松了一口气。他终生没有结婚，到了晚年，每时每刻都在想念着心中的她——一个有着神秘微笑的女人，一个或许会在天国等着他的女人。

随着时间的流逝，达·芬奇的身体一天比一天差，他继续工作着，思考着。他的一生探索了人类知识的许多领域，尤其是在科学和艺术方面取得了空前的成

就。现在，他像哲学家一样思考着：

“白天过得好，夜里睡觉也安稳；同样，这一生活得充实，死时也平静。”

现在，他感到平静吗？不，他觉得自己还有许多事没做完，连《施洗约翰》都还没最后完成，更别说想要做的其他事情了。要是还有精力，他一定会夜以继日地工作，思考宇宙间的一切秘密。

一天夜里，他做了个梦：他梦见自己还没有死便被人埋了，在地下醒来，不能呼吸，拼命地用双手去推棺材盖。醒后他惊恐万分。第二天，他叮嘱弗朗西斯科，他死后尸体要在床上停放三天，才可埋葬。

达·芬奇生病了，他知道，自己最后的时刻就要到来了。

他开始整理自己的笔记，那记录了他一生观察和思考的结果。他知道，这些内容可以缩短人类几百年

的研究工作，可以改变人类命运；同时日渐力拙的他又明白，这项整理工作自己也无法完成了。他觉得自己好像永远在开始，又永远无法完成。

达·芬奇的绘画是他留给后人的主要成就。在科学方面，他一生勤于思考和探索，有过无数的发现和构想。这些都记录在他的笔记里，在当时没有引起人们太大的关注，直到19世纪达·芬奇的笔记公诸于世，人们才开始重新认识达·芬奇，才知道他在人类科学的

许多领域都有杰出的发现。近代科学上的许多发明，其实在达·芬奇那里都得到了验证，并有了一定的研究结果。

他在遗嘱中说明，他的一切书籍、科学仪器、机器、手抄本以及王室欠他的薪水，都赠送给他最亲爱的徒弟弗朗西斯科；城堡里的家具和半个葡萄园赠送给了跟随他多年的老仆人，另外半个葡萄园则给了他的另一个徒弟。

1519年5月2日，达·芬奇躺在病床上，头枕在徒

dì fú lǎng xī sī kē de shǒu bì shang tíng zhǐ le hū xī xiǎng nián
弟弗朗西斯科的手臂上，停止了呼吸，享年
suì
67岁。

dá fēn qí de yì shēng qū zhé yòu wěi dà tā de míng
达·芬奇的一生，曲折又伟大。他的名
zì xiàng héng xīng yí yàng yǒng yuǎn de xiāng qiàn zài rén lèi wén míng shǐ de
字像恒星一样永远地镶嵌在人类文明史的
tiān kōng zhōng bìng jiāng zài shì jiè yì shù shǐ hé kē xué shǐ shang yǒng
天空中，并将在世界艺术史和科学史上永
fàng guāng huī
放光辉。